et nos souvenirs
qu'est-ce que j'en
fais ?

Léa Jeunesse & Araël Spes

et nos souvenirs qu'est-ce que j'en fais ?

Note des auteurs :

Si tu as le cœur brisé, ce livre est fait pour toi.

Il retrace les sentiments qui apparaissent lors d'une rupture, que ce soit la douloureuse appréhension, la peur de l'adieu, la tristesse qui débarque et le désespoir qui survient. On a choisi d'écrire sur toutes les étapes du deuil, qui sont personnelles à chacun et qui n'arrivent pas toujours dans le même ordre selon les personnes. On espère que ces mots poseront des pansements sur tes blessures, mais n'oublie pas que tu es la seule personne à pouvoir les soigner entièrement (avec l'aide du temps, et un peu d'amour propre.)

si tu as le cœur brisé, *laisse-le se reposer*

« *L'amour fane, c'est pourquoi il est magnifique.* »

toi aussi, tu vas me laisser ?

En ce moment, j'ai peur.

J'ai peur pour *nous*, j'ai peur du chemin que l'on vient d'emprunter, j'ai peur de ce qui va ou non arriver. J'ai peur que les nuages soient trop présents au-dessus de ta tête, que le soleil ne brille plus assez, que l'hiver empoisonne ton cœur. Et si je n'étais pas capable de le réchauffer ?

En ce moment, j'ai peur.

Je ne sais pas vers qui me tourner, à qui en parler. À toi, peut-être. Est-ce que tu m'écouteras douter de nous ? De ce qui te traverse ? De ce qui a disparu doucement ?

Est-ce que tu m'aimes encore ?

Je n'ose imaginer la réponse, j'ai peur qu'elle ne soit plus celle que j'adore écouter.

Je t'aime, je t'aime, je t'aime encore plus.

Et si tes sentiments n'étaient plus les mêmes ? Et si le temps les avait transformés ? Et si tu n'avais plus aucune raison de rester ? *Et si tu t'en allais, bientôt ?*

En ce moment, j'ai peur.

J'ai peur que tu me laisses, que tu m'abandonnes du jour au lendemain, sans un mot. Sans un bruit. J'ai peur, tellement peur. J'ai peur d'imaginer la vie sans toi, de penser à ce qu'il adviendra si tu partais. J'ai peur de mes questions, j'ai encore plus peur des réponses. J'ai peur du silence entre nos âmes, comme si elles ne savaient plus quoi se dire, comme si elles n'avaient plus rien à s'avouer.

En ce moment, tu n'es plus vraiment là, *je sens que tu t'effaces.*

j'ai peur de te perdre.

Je sais que tu vas partir, que tu vas me laisser, que tu vas *nous* abandonner. Je sens que tu t'éloignes, que tu disparais. Je sais que tu vas t'enfuir, que tu vas te sauver. Je le sens, au plus profond de moi.

Ça fait quelques semaines que ton cœur ne bat plus au même rythme que le mien. *Peut-être ne se sont-ils jamais aimés à l'unisson.* Je ne sais pas comment j'ai fait pour ne pas le remarquer plus tôt. Et toi, peut-être que tu le voyais. Peut-être que c'est pour ça, que je sens cette sensation d'imminence qui émane de toi.

C'est la fin de *nous*, c'est ça ? Tu l'avais deviné, et tu vas sûrement partir, hein ? Non, je n'ai pas envie d'y croire, je ne veux pas, ça fait mal. Je refuse, *ça fait peur.*

Je ne sais pas comment ne plus y penser, comment m'enlever ces idées stupides de la tête, je ne sais pas comment oublier l'inévitable. Non. Tu ne peux pas t'en aller maintenant, si ?

La peur s'immisce en moi, de partout, et ne me quitte plus. *Contrairement à toi, qui m'échappe de jour en jour.* Comment te retenir ? Comment t'empêcher de lâcher ma main ? Que faire pour que ton cœur continue de marcher près du mien ? Que faire pour que tu m'aimes encore un peu ?

ne pars pas, ne me laisse pas,
ne nous abandonne pas.

Et si tu partais vraiment ? Et si je me retrouvais seule ?

Je suis terrifiée, tu sais, surtout quand tu ne dis rien, quand tu ne me réponds pas. J'ai peur, quand tu ne tais pas mes angoisses, quand tu les évites et les repousses comme si elles n'existaient pas. J'ai peur, tu sais, parce qu'elles grandissent et me terrassent de plus en plus.

Ne vois-tu pas combien je souffre ?

Je suis terrifiée, tu sais, lorsque tu ne fais plus aucun bruit, quand tes sourires sont froids, quand tes yeux sont vides, quand tu n'oses plus me regarder, comme si c'était un supplice. J'ai peur, tu sais, quand ta main ne frôle plus la mienne, lorsque tes pas s'éloignent des miens.

Ne vois-tu pas combien j'ai peur ?

Je perds l'équilibre, je ne tiens plus debout, toutes ces questions m'emprisonnent la tête et me lacèrent le cœur. Comment panser ces plaies invisibles, qui ne saignent pas vraiment ? Comment te les pointer du doigt, si elles ne se voient pas ? Comment t'en parler, si tu ne cesses de réfuter leur existence ?

Je vais m'effondrer, je le sens, je le sais.

J'aimerais me tromper, savoir que ces peurs ne naissent pas d'une vérité, j'aimerais être dans le faux depuis le début. J'aimerais que tout s'en aille, *tout sauf toi,* et j'aimerais t'entendre me dire que tout ce que je ressens n'est synonyme que d'angoisse, mais tu restes muette, *et j'ai mal.*

Ce n'est plus qu'une question de jour, n'est-ce pas ?

Je ne sais pas comment me débarrasser de mes peurs, ou comment les enterrer. Je ne sais plus comment sourire sans penser à ton départ, ni comment respirer sans imaginer ton absence.

tu vas partir, toi aussi, n'est-ce pas ?

L'amour ne suffit pas toujours, j'espère que tu sauras me pardonner.

Tu m'as balancé ces quelques mots, un regard en coin, avant de fermer la porte derrière toi, sans avoir pris le temps de m'écouter. Ce que je ressens n'a donc pas d'importance ? Et moi, je ne compte pas ? *Plus* ?

À travers la fenêtre, je fixe ta silhouette s'éloigner, s'effacer, et mon cœur hurle.

Tu viens de partir. Tu viens de partir. Tu viens de partir.

Tu as quitté la maison, tu as quitté ma vie, tu m'as quitté*e,* moi. Tu as attrapé quelques affaires, des bribes de *nous*, et tu es parti*e* sans jamais te retourner. Et qu'est-ce que je suis censé*e* faire, maintenant ? Ranger les débris d'une relation encore aimée ? Nettoyer tes traces, jeter ce que tu as oublié ? Je n'en ai pas envie. Je n'ai pas la force de bouger les photos, de toucher ton odeur, de regarder nos souvenirs.

Je n'ai pas même la force de pleurer.

La maison est restée silencieuse depuis ton départ, pourtant, à l'intérieur de moi, tout tremble, tout tombe, tout s'écrase sur le sol. Les vases sont en miettes, les cadres sont brisés, et mon cœur aussi.

Alors je tourne en rond, je te croise de partout, dans chaque pièce, puis je m'assois, je m'effondre, sous le choc.

Non, tu ne peux pas m'avoir abandonné*e*. Tu ne peux pas être parti*e*, pas comme ça, pas après tout ce temps passé à nous aimer. À grandir. À rêver. À construire un avenir ensemble.

Je refuse de croire que tu as mis un point final à cette histoire. Elle mérite d'autres chapitres, encore un peu de *nous*.

laisse-moi t'aimer encore un peu, s'il te plaît.

reste, s'il te plaît, ne me laisse pas, ne nous quitte pas.

reste, s'il te plaît, j'ai encore besoin de toi.

reste, s'il te plaît, tu ne peux pas me laisser, pas maintenant.

reste, s'il te plaît, je ne veux pas apprendre à vivre sans toi.

reste, s'il te plaît, je ne sais pas où aller quand tu n'es pas là.

reste, s'il te plaît, j'ai toujours envie de t'aimer.

reste, s'il te plaît, laisse-moi une autre chance.

reste, s'il te plaît, j'ai peur de sombrer.

reste, s'il te plaît, mon ange, reste.

reste, s'il te plaît, tu es tout ce que j'ai.

reste, s'il te plaît, je n'ai pas envie de te pleurer.

reste, s'il te plaît, la vie n'a aucun sens sans toi.

reste, s'il te plaît, je ne veux pas aimer quelqu'un d'autre.

reste, s'il te plaît, j'ai terriblement peur de te voir t'en aller.

reste, s'il te plaît, mon cœur ne sait plus battre loin du tien.

reste, s'il te plaît, j'ai l'impression de ne plus savoir respirer.

reste, s'il te plaît, mes pensées font n'importe quoi.

reste, s'il te plaît, au moins cinq minutes.

reste, s'il te plaît, sans toi la vie n'est plus la même.

reste, s'il te plaît, et serre-moi dans tes bras.

reste, s'il te plaît, je n'aime que toi.

reste, s'il te plaît, je veux que tu m'aimes encore.

reste, s'il te plaît, je suis terrifiée de te voir disparaître.

reste, s'il te plaît, j'ai peur de ce que je deviendrai sans toi.

reste, s'il te plaît, je veux te regarder sourire, encore un peu.

reste, s'il te plaît, reste, ne t'en vas pas, pas maintenant.

reste, s'il te plaît, j'ai si mal.

reste, s'il te plaît, les dégâts seront trop grands.

reste, s'il te plaît, les fêlures seront trop nombreuses.

reste, s'il te plaît, je ne veux pas que tu sois un fantôme.

reste, s'il te plaît, j'ai peur que tu deviennes un souvenir.

reste, s'il te plaît, je ne veux pas aimer une autre histoire.

reste, s'il te plaît, mes rêves sont les tiens.

reste, s'il te plaît, tu es mon étoile dans les nuits sombres.

reste, s'il te plaît, tu me rends meilleure.

reste, s'il te plaît, je suis perdue sans toi.

reste, s'il te plaît, je vais me noyer dans la tristesse.

reste, s'il te plaît, on ne va pas tout gâcher comme ça.

reste, s'il te plaît, reste, reste, reste, reste, reste.

reste, s'il te plaît, la vie est si belle près de toi.

reste, s'il te plaît, on a encore du chemin à parcourir.

reste, s'il te plaît, mon cœur ne bat que pour toi.

reste, s'il te plaît, je t'en supplie.

reste, s'il te plaît, cette fin est si triste.

reste, s'il te plaît, tu n'as pas le droit de partir comme ça.

reste, s'il te plaît, j'ai si mal au cœur.

reste, s'il te plaît, laisse-nous du temps.

reste, s'il te plaît, ne me laisse pas seule dans ce monde.

reste, s'il te plaît, ne me quitte pas.

reste, s'il te plaît.

Tu vas vraiment partir ?

Non, ce n'est pas possible. Tu es incapable de me laisser comme ça, seule, pas après toutes ces saisons passées à s'aimer.

Tu vas revenir, n'est-ce pas ?

On va s'aimer encore et avancer de nouveau, n'est-ce-pas ? On a vécu pire, ce n'est pas ça qui va nous anéantir, on est plus forts que tout, ça va aller, d'accord ?

Tu vas vraiment partir ?

Tu ne peux pas partir, je t'aime, tu le sais, hein ? Je ne veux pas redevenir une inconnue à tes yeux, *je ne veux pas que tu sois un souvenir.* Je ne supporterais pas de te voir aux bras d'une autre, ça ne peut être que moi, n'est-ce pas ?

Tu ne peux pas partir.

On a découvert tellement de choses ensemble, comment tout pourrait s'arrêter d'un coup ? On s'est promis d'être ensemble pour la vie, tu as oublié ? Quand on parlait d'avenir, de maison, de futur, on ne peut pas faire une croix sur tout ça, d'un coup ? Avec qui j'accomplirais mes rêves, si tu n'es plus là ?

Tu ne peux pas partir maintenant, je t'aime, tu ne peux pas me laisser… *si* ?

si tu pars maintenant,
qu'est-ce qu'il restera de moi ?
de nous ?

je t'aime, je t'aime, je t'aime, je t'aime, je t'aime, je t'aime,
je t'aime, je t'aime, je t'aime, je t'aime, je t'aime, je t'aime,
je t'aime, je t'aime, je t'aime, je t'aime, je t'aime, je t'aime,
je t'aime, je t'aime, je t'aime, je t'aime, je t'aime, je t'aime,
je t'aime, je t'aime, je t'aime, je t'aime, je t'aime, je t'aime,
je t'aime, je t'aime, je t'aime, je t'aime, je t'aime, je t'aime,
je t'aime, je t'aime, je t'aime, je t'aime, je t'aime, je t'aime,
je t'aime, je t'aime, je t'aime, je t'aime, je t'aime, je t'aime,
je t'aime, je t'aime, je t'aime, je t'aime, je t'aime, je t'aime,
je t'aime, je t'aime, je t'aime, je t'aime, je t'aime, je t'aime,
je t'aime, je t'aime, je t'aime, je t'aime, je t'aime, je t'aime,
je t'aime, je t'aime, je t'aime, je t'aime, je t'aime, je t'aime,
je t'aime, je t'aime, je t'aime, je t'aime, je t'aime, je t'aime,
je t'aime, je t'aime, je t'aime, je t'aime, je t'aime, je t'aime,
je t'aime, je t'aime, je t'aime, je t'aime, je t'aime, je t'aime,
je t'aime, je t'aime, je t'aime, je t'aime, je t'aime, je t'aime,
je t'aime, je t'aime, je t'aime, je t'aime, je t'aime, je t'aime,
je t'aime, je t'aime, je t'aime, je t'aime, je t'aime, je t'aime,
je t'aime, je t'aime, je t'aime, je t'aime, je t'aime, je t'aime,
je t'aime, je t'aime, je t'aime, je t'aime, je t'aime, je t'aime,
je t'aime, je t'aime, je t'aime, je t'aime, je t'aime, je t'aime,
je t'aime, je t'aime, je t'aime, je t'aime, je t'aime, je t'aime,
je t'aime, je t'aime, je t'aime, je t'aime, je t'aime, je t'aime,
je t'aime, je t'aime, je t'aime, je t'aime, je t'aime, je t'aime,
je t'aime, je t'aime, je t'aime, je t'aime, je t'aime, je t'aime,
je t'aime, je t'aime, je t'aime, je t'aime, je t'aime, je t'aime,
je t'aime, je t'aime, je t'aime, je t'aime, je t'aime, je t'aime,
je t'aime, je t'aime, je t'aime, je t'aime, je t'aime, je t'aime,
je t'aime, je t'aime, je t'aime, je t'aime, je t'aime, je t'aime,
je t'aime, je t'aime, je t'aime, je t'aime, je t'aime, je t'aime,
je t'aime, je t'aime, je t'aime, je t'aime, je t'aime, je t'aime,
je t'aime, je t'aime, je t'aime, je t'aime, je t'aime, je t'aime,
je t'aime, je t'aime, je t'aime, je t'aime, je t'aime, je t'aime,
je t'aime, je t'aime, je t'aime, je t'aime, je t'aime, je t'aime,
je t'aime, je t'aime, je t'aime, je t'aime, je t'aime, je t'aime,
je t'aime, je t'aime, je t'aime, je t'aime, je t'aime, je t'aime,
je t'aime, je t'aime, je t'aime, je t'aime, je t'aime, je t'aime,
je t'aime, je t'aime, je t'aime, je t'aime, je t'aime, je t'aime,
je t'aime, je t'aime, je t'aime, je t'aime, je t'aime, je t'aime,

je t'aime, je t'aime, je t'aime, je t'aime, je t'aime, je t'aime,
je t'aime, je t'aime, je t'aime, je t'aime, je t'aime, je t'aime,
je t'aime, je t'aime, je t'aime, je t'aime, je t'aime, je t'aime,
je t'aime, je t'aime, je t'aime, je t'aime, je t'aime, je t'aime,
je t'aime, je t'aime, je t'aime, je t'aime, je t'aime, je t'aime,
je t'aime, je t'aime, je t'aime, je t'aime, je t'aime, je t'aime,
je t'aime, je t'aime, je t'aime, je t'aime, je t'aime, je t'aime,
je t'aime, je t'aime, je t'aime, je t'aime, je t'aime, je t'aime,
je t'aime, je t'aime, je t'aime, je t'aime, je t'aime, je t'aime,
je t'aime, je t'aime, je t'aime, je t'aime, je t'aime, je t'aime,
je t'aime, je t'aime, je t'aime, je t'aime, je t'aime, je t'aime,
je t'aime, je t'aime, je t'aime, je t'aime, je t'aime, je t'aime,
je t'aime, je t'aime, je t'aime, je t'aime, je t'aime, je t'aime,
je t'aime, je t'aime, je t'aime, je t'aime, je t'aime, je t'aime,
je t'aime, je t'aime, je t'aime, je t'aime, je t'aime, je t'aime,
je t'aime, je t'aime, je t'aime, je t'aime, je t'aime, je t'aime,
je t'aime, je t'aime, je t'aime, je t'aime, je t'aime, je t'aime,
je t'aime, je t'aime, je t'aime, je t'aime, je t'aime, je t'aime,
je t'aime, je t'aime, je t'aime, je t'aime, je t'aime, je t'aime,
je t'aime, je t'aime, je t'aime, je t'aime, je t'aime, je t'aime,
je t'aime, je t'aime, je t'aime, je t'aime, je t'aime, je t'aime,
je t'aime, je t'aime, je t'aime, je t'aime, je t'aime, je t'aime,
je t'aime, je t'aime, je t'aime, je t'aime, je t'aime, je t'aime,
je t'aime, je t'aime, je t'aime, je t'aime, je t'aime, je t'aime,
je t'aime, je t'aime, je t'aime, je t'aime, je t'aime, je t'aime,
je t'aime, je t'aime, je t'aime, je t'aime, je t'aime, je t'aime,
je t'aime, je t'aime, je t'aime, je t'aime, je t'aime, je t'aime,
je t'aime, je t'aime, je t'aime, je t'aime, je t'aime, je t'aime,
je t'aime, je t'aime, je t'aime, je t'aime, je t'aime, je t'aime,
je t'aime, je t'aime, je t'aime, je t'aime, je t'aime, je t'aime,
je t'aime, je t'aime, je t'aime, je t'aime, je t'aime, je t'aime,
je t'aime, je t'aime, je t'aime, je t'aime, je t'aime, je t'aime,
je t'aime, je t'aime, je t'aime, je t'aime, je t'aime, je t'aime,
je t'aime, je t'aime, je t'aime, je t'aime, je t'aime, je t'aime,
je t'aime, je t'aime, je t'aime, je t'aime, je t'aime, je t'aime,
je t'aime, je t'aime, je t'aime, je t'aime, je t'aime, je t'aime,

je t'aime, je t'aime, je t'aime, je t'aime, je t'aime, je t'aime,
je t'aime, je t'aime, je t'aime, je t'aime, je t'aime, je t'aime,
je t'aime, je t'aime, je t'aime, je t'aime, je t'aime, je t'aime,
je t'aime, je t'aime, je t'aime, je t'aime, je t'aime, je t'aime,
je t'aime, je t'aime, je t'aime, je t'aime, je t'aime, je t'aime,
je t'aime, je t'aime, je t'aime, je t'aime, je t'aime, je t'aime,
je t'aime, je t'aime, je t'aime, je t'aime, je t'aime, je t'aime,
je t'aime, je t'aime, je t'aime, je t'aime, je t'aime, je t'aime,
je t'aime, je t'aime, je t'aime, je t'aime, je t'aime, je t'aime,
je t'aime, je t'aime, je t'aime, je t'aime, je t'aime, je t'aime,
je t'aime, je t'aime, je t'aime, je t'aime, je t'aime, je t'aime,
je t'aime, je t'aime, je t'aime, je t'aime, je t'aime, je t'aime,
je t'aime, je t'aime, je t'aime, je t'aime, je t'aime, je t'aime,
je t'aime, je t'aime, je t'aime, je t'aime, je t'aime, je t'aime,
je t'aime, je t'aime, je t'aime, je t'aime, je t'aime, je t'aime,
je t'aime, je t'aime, je t'aime, je t'aime, je t'aime, je t'aime,
je t'aime, je t'aime, je t'aime, je t'aime, je t'aime, je t'aime,
je t'aime, je t'aime, je t'aime, je t'aime, je t'aime, je t'aime,
je t'aime, je t'aime, je t'aime, je t'aime, je t'aime, je t'aime,
je t'aime, je t'aime, je t'aime, je t'aime, je t'aime, je t'aime,
je t'aime, je t'aime, je t'aime, je t'aime, je t'aime, je t'aime,
je t'aime, je t'aime, je t'aime, je t'aime, je t'aime, je t'aime,
je t'aime, je t'aime, je t'aime, je t'aime, je t'aime, je t'aime,
je t'aime, je t'aime, je t'aime, je t'aime, je t'aime, je t'aime,
je t'aime, je t'aime, je t'aime, je t'aime, je t'aime, je t'aime,
je t'aime, je t'aime, je t'aime, je t'aime, je t'aime, je t'aime,
je t'aime, je t'aime, je t'aime, je t'aime, je t'aime, je t'aime,
je t'aime, je t'aime, je t'aime, je t'aime, je t'aime, je t'aime,
je t'aime, je t'aime, je t'aime, je t'aime, je t'aime, je t'aime,
je t'aime, je t'aime, je t'aime, je t'aime, je t'aime, je t'aime,
je t'aime, je t'aime, je t'aime, je t'aime, je t'aime, je t'aime,
je t'aime, je t'aime, je t'aime, je t'aime, je t'aime, je t'aime,
je t'aime, je t'aime, je t'aime, je t'aime, je t'aime, je t'aime,
je t'aime, je t'aime, je t'aime, je t'aime, je t'aime, je t'aime,
je t'aime, je t'aime, je t'aime, je t'aime, je t'aime, je t'aime,
je t'aime, je t'aime, je t'aime, je t'aime, je t'aime, je t'aime,
je t'aime, je t'aime, je t'aime, je t'aime, je t'aime, je t'aime,
je t'aime, je t'aime, je t'aime, je t'aime, je t'aime, je t'aime,

je t'aime, je t'aime, je t'aime, je t'aime, je t'aime, je t'aime,
je t'aime, je t'aime, je t'aime, je t'aime, je t'aime, je t'aime,
je t'aime, je t'aime, je t'aime, je t'aime, je t'aime, je t'aime,
je t'aime, je t'aime, je t'aime, je t'aime, je t'aime, je t'aime,
je t'aime, je t'aime, je t'aime, je t'aime, je t'aime, je t'aime,
je t'aime, je t'aime, je t'aime, je t'aime, je t'aime, je t'aime,
je t'aime, je t'aime, je t'aime, je t'aime, je t'aime, je t'aime,
je t'aime, je t'aime, je t'aime, je t'aime, je t'aime, je t'aime,
je t'aime, je t'aime, je t'aime, je t'aime, je t'aime, je t'aime,
je t'aime, je t'aime, je t'aime, je t'aime, je t'aime, je t'aime,
je t'aime, je t'aime, je t'aime, je t'aime, je t'aime, je t'aime,
je t'aime, je t'aime, je t'aime, je t'aime, je t'aime, je t'aime,
je t'aime, je t'aime, je t'aime, je t'aime, je t'aime, je t'aime,
je t'aime, je t'aime, je t'aime, je t'aime, je t'aime, je t'aime,
je t'aime, je t'aime, je t'aime, je t'aime, je t'aime, je t'aime,
je t'aime, je t'aime, je t'aime, je t'aime, je t'aime, je t'aime,
je t'aime, je t'aime, je t'aime, je t'aime, je t'aime, je t'aime,
je t'aime, je t'aime, je t'aime, je t'aime, je t'aime, je t'aime,
je t'aime, je t'aime, je t'aime, je t'aime, je t'aime, je t'aime,
je t'aime, je t'aime, je t'aime, je t'aime, je t'aime, je t'aime,
je t'aime, je t'aime, je t'aime, je t'aime, je t'aime, je t'aime,
je t'aime, je t'aime, je t'aime, je t'aime, je t'aime, je t'aime,
je t'aime, je t'aime, je t'aime, je t'aime, je t'aime, je t'aime,
je t'aime, je t'aime, je t'aime, je t'aime, je t'aime, je t'aime,
je t'aime, je t'aime, je t'aime, je t'aime, je t'aime, je t'aime,
je t'aime, je t'aime, je t'aime, je t'aime, je t'aime, je t'aime,
je t'aime, je t'aime, je t'aime, je t'aime, je t'aime, je t'aime,
je t'aime, je t'aime, je t'aime, je t'aime, je t'aime, je t'aime,
je t'aime, je t'aime, je t'aime, je t'aime, je t'aime, je t'aime,
je t'aime, je t'aime, je t'aime, je t'aime, je t'aime, je t'aime,
je t'aime, je t'aime, je t'aime, je t'aime, je t'aime, je t'aime,
je t'aime, je t'aime, je t'aime, je t'aime, je t'aime, je t'aime,
je t'aime, je t'aime, je t'aime, je t'aime, je t'aime, je t'aime,
je t'aime, je t'aime, je t'aime, je t'aime, je t'aime, je t'aime,
je t'aime, je t'aime, je t'aime, je t'aime, je t'aime, je t'aime,

je t'aime, je t'aime, je t'aime, je t'aime, je t'aime, je t'aime,
je t'aime, je t'aime, je t'aime, je t'aime, je t'aime, je t'aime,
je t'aime, je t'aime, je t'aime, je t'aime, je t'aime, je t'aime,
je t'aime, je t'aime, je t'aime, je t'aime, je t'aime, je t'aime,
je t'aime, je t'aime, je t'aime, je t'aime, je t'aime, je t'aime,
je t'aime, je t'aime, je t'aime, je t'aime, je t'aime, je t'aime,
je t'aime, je t'aime, je t'aime, je t'aime, je t'aime, je t'aime,
je t'aime, je t'aime, je t'aime, je t'aime, je t'aime, je t'aime,
je t'aime, je t'aime, je t'aime, je t'aime, je t'aime, je t'aime,
je t'aime, je t'aime, je t'aime, je t'aime, je t'aime, je t'aime,
je t'aime, je t'aime, je t'aime, je t'aime, je t'aime, je t'aime,
je t'aime, je t'aime, je t'aime, je t'aime, je t'aime, je t'aime,
je t'aime, je t'aime, je t'aime, je t'aime, je t'aime, je t'aime,
je t'aime, je t'aime, je t'aime, je t'aime, je t'aime, je t'aime,
je t'aime, je t'aime, je t'aime, je t'aime, je t'aime, je t'aime,
je t'aime, je t'aime, je t'aime, je t'aime, je t'aime, je t'aime,
je t'aime, je t'aime, je t'aime, je t'aime, je t'aime, je t'aime,
je t'aime, je t'aime, je t'aime, je t'aime, je t'aime, je t'aime,
je t'aime, je t'aime, je t'aime, je t'aime, je t'aime, je t'aime,
je t'aime, je t'aime, je t'aime, je t'aime, je t'aime, je t'aime,
je t'aime, je t'aime, je t'aime, je t'aime, je t'aime, je t'aime,
je t'aime, je t'aime, je t'aime, je t'aime, je t'aime, je t'aime,
je t'aime, je t'aime, je t'aime, je t'aime, je t'aime, je t'aime,
je t'aime, je t'aime, je t'aime, je t'aime, je t'aime, je t'aime,
je t'aime, je t'aime, je t'aime, je t'aime, je t'aime, je t'aime,
je t'aime, je t'aime, je t'aime, je t'aime, je t'aime, je t'aime,
je t'aime, je t'aime, je t'aime, je t'aime, je t'aime, je t'aime,
je t'aime, je t'aime, je t'aime, je t'aime, je t'aime, je t'aime,
je t'aime, je t'aime, je t'aime, je t'aime, je t'aime, je t'aime,
je t'aime, je t'aime, je t'aime, je t'aime, je t'aime, je t'aime,
je t'aime, je t'aime, je t'aime, je t'aime, je t'aime, je t'aime,
je t'aime, je t'aime, je t'aime, je t'aime, je t'aime, je t'aime,
je t'aime, je t'aime, je t'aime, je t'aime, je t'aime, je t'aime,
je t'aime, je t'aime, je t'aime, je t'aime, je t'aime, je t'aime,
je t'aime, je t'aime, je t'aime, je t'aime, je t'aime, je t'aime,
je t'aime, je t'aime, je t'aime, je t'aime, je t'aime, je t'aime,
je t'aime, je t'aime, je t'aime, je t'aime, je t'aime, je t'aime,
je t'aime, je t'aime, je t'aime, je t'aime, je t'aime, je t'aime,
je t'aime, je t'aime, je t'aime, je t'aime, je t'aime, je t'aime,

et toi, tu m'aimes encore, hein ?

les étoiles semblent s'éteindre sans toi

tu es partie.
tu es partie.
tu es partie.
tu es partie.
tu es partie.
tu es partie.
tu es partie.
tu es partie.
tu es partie.
tu es partie.
tu es partie.
tu es partie.
tu es partie.
tu es partie.
tu es partie.
tu es partie.
tu es partie.
tu es partie.
tu es partie.
tu es partie.
tu es partie.
tu es partie.
tu es partie.
tu es partie.
tu es partie.
tu es partie.
tu es partie.
tu es partie.
tu es partie.
tu es partie.
tu es partie.
tu es partie.
tu es partie.
tu es partie.

Tu es partie, comme ça.

À croire qu'aucun de mes mots n'était assez fort pour te faire changer d'avis. *Peut-être que mon amour ne suffisait pas,* ou peut-être que c'était moi, qui étais de trop, et cette idée me brise le cœur.

Comment as-tu trouvé le courage de me tourner le dos, de fermer les yeux sur ma douleur ?

Comment as-tu trouvé la force de ne pas m'embrasser, de ne pas t'effondrer dans mes bras ? *Je rêvais que tu le fasses.*

Je t'ai tant donné de moi, des rêves, des sentiments, des souvenirs. Je t'ai offert des choses que je n'avais même pas ; un avenir, de l'espoir. J'aurais pu décrocher chaque astre de ce putain d'univers juste pour voir tes yeux briller un peu plus que le ciel.

Qu'est-ce que j'aurais pu faire de plus ? Malheureusement, rien, je crois. Et ça me fait mal. Ça me déchire. *Ça me brise.*

Tu as menti. *Tu n'avais pas le droit.*

Tu es parti*e*, tu as craché sur nos promesses, tu les as toutes brisées, les unes après les autres, comme si leur existence t'était égale. Nos mots n'étaient que de la poussière pour toi ? Maintenant tout ressemble à un tas de cendres. *L'amour a-t-il brûlé l'amour ?*

Tu es parti*e*.

Une parcelle de moi t'en veut énormément de ne pas avoir respecté ta parole, d'avoir détruit nos échanges, ceux qui m'empêchaient, autrefois, de ne pas sombrer, d'avoir quelque chose à quoi m'accrocher.

Tu es parti*e*.

Je sais que tu as réfléchi, sûrement nuits et jours, et je sais aussi que chacune de tes décisions ne sont jamais prises sur des coups de tête. Tu n'as pas choisi de me laisser seulement maintenant, non, tu as laissé des semaines filer en me jurant droit dans les yeux que tout allait bien, que tu *nous* aimais, que la vie était douce près de moi. *Mais tu mentais.* Tu pensais déjà à t'en aller, à nous abandonner. Et je crois que c'est ce qui me fait le plus souffrir. Tu y as pensé, longuement, tu as fait tourner tes pensées, tes questions, tes sentiments, et tu as accepté qu'ils n'étaient plus aussi intenses que tu l'imaginais. *Que tu le voulais.*

Tu es parti*e*.

Si seulement j'avais su, peut-être que tout aurait été différent. Mon cœur l'espère, tout du moins.

Aujourd'hui, je suis en pièces, et je ne sais pas comment les recoller, ni même si elles pourront former quelque chose une fois réunies. Je sais qu'il en manque, tu en as gardées avec toi, j'en ai perdues, et d'autres sont trop abîmées pour être utilisées de nouveau.

qu'est-ce que je vais devenir,
maintenant que tu n'es plus là ?

J'ai mal. J'ai mal partout.

Qu'on m'aide ou qu'on m'achève, je n'en peux plus.

Je ne sais pas ce qui m'arrive, mon corps est secoué de sanglots, de spasmes incontrôlables qui me donnent envie de crier. De hurler. J'ai déjà tant mal, pourquoi est-ce que la douleur ne s'estompe pas ?

Mes joues sont baignées de larmes pendant que mes yeux luttent contre des averses. Je ne comprends pas une seule de mes réactions, et honnêtement je ne cherche même plus à les comprendre.

Tout est en désordre, depuis que tu m'as quittée.

Le déluge n'a jamais semblé aussi fort, et je peine à respirer. Mon souffle devient court, saccadé, et sans prévenir mon corps se met à trembler, mes yeux se brouillent à nouveau des larmes de ton départ.

J'ai mal de partout, ton départ me fait trop souffrir. Tout est mélangé, tout est méconnaissable. *Je ne suis plus maître de mon être.* Tout virevolte en moi, tout se noie, tout me brûle. Je ne comprends rien, je souffre seulement.

Je me bats contre des courants, des rafales trop violentes, des douleurs trop intenses. Comment les éloigner ? Comment m'en sortir, comment respirer ? J'ai l'impression de me noyer.

Comment calme-t-on une tempête intérieure ? Une tempête invisible ? Une tempête de *toi* ?

Mon âme tremble, et mon cœur semble sur le point de s'arrêter.

tout est en désordre depuis que tu es parti*e*.

Depuis que tu n'es plus là, on m'a répété inlassablement que le temps allait arranger les choses, qu'il fallait que je sorte, que je continue d'aimer la vie, qu'elle avait tant à m'offrir. *Même sans toi.*

Mais tu sais, ce qu'ils ne comprennent pas, c'est qu'après ton départ, les couleurs du monde sont parties. Elles se sont enfuies, elles t'ont suivie. La seule qui est restée, la seule qui vient encore colorer cet univers bien trop vide, reste le bleu. Le bleu de la nuit, trop obscure, vide d'étoiles, dans lequel je ne cesse de me perdre. Le bleu de ma peau, peinte d'ecchymoses, et sur mon cœur, marqué de ta perte. Le bleu de mes larmes, qui n'ont cessé de couler depuis que tu as déserté ma vie. Et puis le bleu de l'encre, qui s'est déversée sur les pages de notre histoire, et sur celles encore vierges, qui n'attendaient que ta plume pour écrire la suite.

Aujourd'hui, je ne ressens qu'une tristesse infinie, qui me lacère de partout sans arrêt. *Est-ce que tu penses à moi, toi aussi ? Est-ce que ça te fait mal ?* J'aimerais tant le savoir. Savoir si tu souffres, et si je peux soulager cette douleur d'une quelconque manière.

De mon côté, le temps n'arrange rien, malgré ce que les gens disent, et tout me ramène toujours à nous : une rue où l'on s'était embrassés sous la pluie, une fleur que je t'avais offerte, un café où l'on s'était assis, un soir, avant de rentrer.

Je pourrais refaire nos journées avec beaucoup de facilité tant mes souvenirs me torturent en permanence. Du réveil avec ton sourire endormi, nos moments de lecture sur le canapé, quand on se battait pour savoir qui ferait à manger. Je me rappelle de nos danses, le soir dans le salon, et lorsqu'on finissait par aller se coucher le sourire sur le visage et le cœur aux bords des lèvres.

Maintenant, dès que je rentre chez moi, seul*e*, je nous revois, je nous retrouve dans chaque recoin de la maison qui est maintenant silencieuse et dépourvue de toi. *Pourquoi tu ne t'effaces pas ?* Pourquoi tu continues de vivre dans un endroit qui n'abrite plus ta présence, ni ton amour ? C'est comme si, sans le vouloir, tu voulais me faire du mal. Sais-tu combien je souffre ? Je suis certain*e* que tu n'en as même pas idée…

J'ai encore toutes tes affaires, tous tes cadeaux, de tes dessins à tes petits mots doux, ta brosse à dent trône toujours dans la salle de bain, et sous l'oreiller est resté ton t-shirt, qui sent encore ton parfum, même s'il s'estompe au fil du temps. Je suis incapable de me séparer de ça, de me séparer de toi, et la vue de chaque chose qui a un jour effleuré tes doigts, ne me provoque qu'un énième torrent de larmes incontrôlées.

C'est terrible à quel point tu me manques, comme si en partant, tu avais arraché un bout de mon âme. Que me reste-t-il, dorénavant ? Un cœur lourd de vide, un être empli de peine, une tête qui lutte contre le vacarme de ton absence.

La déception, voilà le sentiment qui m'habite depuis quelques jours.

Je la garde sur moi comme un manteau que l'on enfile pour se protéger du froid. *Aujourd'hui, je la porte pour me protéger de toi.*

Tu m'avais donné tellement d'espoir. Quand on était l'un contre l'autre, à se parler de vie future, des rêves que l'on partageait. Tu m'as fait rêver, tu sais. Tu m'as fait voyager. Je t'écoutais me parler, et j'admirais dans tes yeux, toutes les étoiles qui venaient s'y loger.

J'y croyais, tu sais. J'y croyais, à ce monde où nous aurions pu être heureux. À ce monde que tu semblais vouloir construire à mes côtés. Il me suffisait de fermer les yeux pour imaginer chaque endroit, chaque lieu, chaque pièce de notre maison. De notre bulle. Mais tu l'as éclatée. Et maintenant, lorsque je ferme les yeux, je n'y vois plus les tiens.

Pourtant, j'avais fait de ton sourire ma raison de vivre. Si je trouvais l'envie de persévérer jour après jour, de lutter contre vents et marées, de lutter contre moi-même, c'était seulement pour et grâce à toi.

Tu n'as pas idée de ce que ça me demandait, d'être quelqu'un pour toi. Tu n'imagines pas le nombre d'efforts que j'ai faits pour essayer de mieux te convenir, même si ça ne m'allait plus.

Je me perdais pour te trouver.

Finalement, notre histoire s'est terminée. J'ai le sentiment que tout ce que j'ai fait, ce que j'ai dit, tout ce pour quoi je me suis battue, n'a jamais servi à rien, si ce n'est à épuiser une relation déjà essoufflée. Parce que notre petit paradis avait pris l'eau bien avant que je sois capable de le voir. Pourquoi tu ne m'as jamais prévenue ? *Ou pourquoi l'avoir fait trop tard ?*

est-ce que j'aurais pu nous sauver ?

Sans toi, la vie n'est qu'un amas de vieux souvenirs que je ne sais ni ranger, ni trier, ni jeter.

Il y a des photos déchirées, des bouts de papier, composés de tes lignes, en mauvais état. Il y a même des roses fanées, les dernières que je t'ai achetées, et dont les pétales jonchent la table de la cuisine. Ils me font penser à mon cœur, émietté depuis ton départ. Comment se porte le tien ? A-t-il eu mal, lui aussi ? J'espère qu'il souffre moins que le mien, qui bat pour les souvenirs que tu lui as laissés.

De toi, j'ai tout gardé, je crois.

Il me reste quelques pulls que tu n'as jamais récupérés, plusieurs cadeaux que tu m'avais offerts, qui traînent encore dans le salon, près des cadres brisés.

Je n'ai pas envie de me débarrasser de tout ça, c'est tout ce qu'il reste de nous, de toi.

Je me sens si seul*e*, tu sais, entouré*e* du passé, de nos fantômes, qui dansent et rient encore autour de moi. *Les entends-tu, parfois ?* Ils me hantent trop souvent, dans chaque pièce de la maison, dans le jardin, près des lieux trop fréquentés et ceux dans lesquels tu m'aimais encore. Et j'ai mal, j'ai si mal de les voir jouer, courir, être heureux, en paix, et surtout ensemble. *Pourquoi tu n'es plus là ?*

Victor Hugo disait : *tu n'es plus là où tu étais, mais tu es partout là où je suis.* Il n'a pas tort, tu sais. Tu me colles à la peau, tu ne me quittes pas vraiment, même si tu l'as fait quelques mois plus tôt.

Le *nous* que nous formions, me suit même dans les endroits que tu n'as jamais connus. Comment est-ce possible ? Tu marches près de moi, en vacances à l'autre bout de la France, dans un petit village provençal, dans un parc aux arbres colorés, près des fontaines sans vie. Et toi, foules-tu d'autres terres qui te font penser à moi ?

Nos *nous passés* chantent, parlent ; ils font tout ce qu'on ne fait plus désormais. Parfois, ton fantôme discute comme toi, tu sais. Il a des mimiques similaires aux tiennes, il prononce les mêmes mots... Pourtant, je ne me souviens plus très bien de ta voix, et Dieu sait que je l'ai écoutée.

Comment se fait-il que j'oublie ce qui te compose, petit à petit ? Est-ce qu'on essaie de me faire passer un message ?

Je n'ai pas envie de te voir disparaître de ma mémoire, maintenant que tu ne fais plus partie de ma vie.

J'ai encore besoin de toi, je t'en supplie, reviens.

Je ne savais pas ô combien ma vie pouvait être si compliquée, si douloureuse, quand tu n'en fais plus partie. Je ne sais pas comment j'ai réussi à me lever ces quelques mois, après ton départ, ni comment j'ai fait pour trouver la force de respirer sans ton souffle. Peut-être que je fais semblant. Peut-être que tout se fait automatiquement, maintenant que l'envie n'est plus au rendez-vous, *(comme toi.)*

Je me pose des tonnes de questions, mais seule ton absence me répond. Ça me fait mal, tu sais ? Même après des semaines, des mois, la place inoccupée à mes côtés n'espère que te retrouver.

Comment fais-tu pour ne pas débarquer chez moi ?
(Je t'attends tous les jours.)

Comment fais-tu pour rester plongée dans ce silence ?
***(J'ai besoin d'entendre ta voix, je suis en train de l'oublier,
ça me terrifie.)***

Je ne me souviens plus de l'*avant toi*, je ne veux pas continuer de vivre et de connaître cet *après toi*. Il me fait peur, il me torture, et j'ai envie de crier pour que tu reviennes le chasser, ou l'emporter avec toi. ***(En restant avec moi.)***

Par pitié, reviens-moi, reviens-nous.

J'ai besoin de toi pour sourire, pour retrouver l'envie de vivre, d'arpenter le monde, d'aller chercher mes rêves. C'était toi, mon plus beau rêve. Et je l'ai perdu. *Je t'ai perdue.*

Reviens, s'il te plaît, j'ai l'impression de me noyer en boucle depuis que tu n'es plus là.

Je ne sais pas comment vivre sans toi, ni comment refaire toutes ces choses que j'avais apprises à tes côtés. *C'est comme si tu avais posé un bout de ton cœur sur le monde, et que partout où j'allais, tout avait une odeur de toi.*

Il existe des maladies sans remède.

Je crois que je suis tombée malade de toi. Malade de nous. *Malade d'amour.*

Est-ce que je vais guérir ? Je n'en ai plus aucune idée. Honnêtement, je m'en fiche.

Tu es partie, tu m'as laissée, le monde continue de tourner, je crois.

Ça fait toujours aussi mal. Ça brûle tout autant, si ce n'est pire, parfois.

Ça passera, hein ? Je ne sais pas si j'ai envie d'y croire.

Tout est flou ; le passé s'estompe et s'éloigne, toi aussi, et l'avenir semble incertain.

J'ai cessé de chercher à combattre ton fantôme, je sais qu'il ne me quittera pas. J'ai enfin fini par accepter sa présence, je crois. Ce n'est pas facile pour autant, je te le jure. Souvent, j'ai envie de crier. *Mais jamais je ne le fais.*

et puis soudain,
le vide

qu'est-ce que j'ai fait ?

Je suis désolé*e*.

Je suis désolé*e* pour les mots trop forts, les cris trop silencieux, les pensées inavouées. Je suis désolée pour les sentiments omniprésents, les rancœurs un peu trop cruelles. Pourquoi n'ai-je pas pu être simplement moi, quelqu'un de normal, une personne peu bercée par ses émotions, mais qui ne la dévorent pas complètement ?

Je suis désolé*e*, je sais que j'ai fait n'importe quoi : je reposais mes espoirs sur toi, sans jamais penser à moi. Je n'étais tourné*e* que vers nous, comme si je ne pouvais exister sans ta présence. Comprends-tu combien c'est difficile, maintenant que tu ne nages plus à mes côtés ?

Je suis désolé*e* de toujours penser à toi, encore, et de ne pas te sortir de ma tête. Tu es incrusté*e* à l'intérieur, et tu refuses de la quitter. Pourquoi ?

Je crois que j'ai toujours fait tout de travers, avec toi, et je continue même lorsque tu n'es plus là. Suis-je voué*e* à ne rien réussir, si ce n'est de souffrir de ce que tu m'as laissé ?

tu m'habites.
tu me hantes.
tu me manques.

Peut-être que je n'étais pas assez.

Qu'est-ce que j'aurais pu faire ? Qu'est-ce que j'ai oublié de te dire ? Peut-être que je ne me suis pas assez battu*e* pour nous sauver. Peut-être que je n'aurais jamais pu nous sauver. Peut-être que tu en étais capable, toi. Peut-être que tu n'as jamais essayé.

Ou peut-être que tu valais mieux que moi, que mon monde, que mes tracas. Peut-être que tu méritais mieux tout ce que je pouvais t'offrir ou que tout ce que je n'aurais jamais pu te donner.

Peut-être que je ne t'apportais pas assez d'amour, peut-être que je ne montrais pas de la bonne manière mes sentiments. *Ou peut-être que je t'étouffais avec.*

J'aurais aimé être plus appropriée pour toi, t'apporter encore plus, peut-être qu'au final c'est de ma faute si tout ceci est arrivé ? Peut-être étais-je trop absent*e*, peut-être trop distant*e*, et que tu te sentais mis*e* à l'écart, ou encore que j'ai dit ou pensé quelque chose qui ne t'a pas plu, qui a terni ton image de moi.

Peut-être que j'étais de trop.

Est-ce que j'ai tout fait de travers, avec nous ? J'aimerais le savoir, pouvoir apaiser certaines parties de mon âme, qui pleurent encore pour toi.

Si tu es parti*e*, c'est à cause de moi,
ou de mon amour pour toi ?

Qu'est-ce que j'ai fait ? Qu'est-ce que j'ai dit ? Je t'ai tout donné, n'était-ce pas assez ? Qu'aurais-je pu t'apporter de plus ? Et si mes rêves n'étaient pas assez grands, et s'ils n'avaient jamais pu rivaliser avec les tiens ? J'aurais tout fait pour en trouver d'autres, pour te donner envie d'en créer des nouveaux, des tas.

Et si plutôt, c'était mon avenir qui entachait le tien ? Et si le mien était trop sombre pour toi ? *Et si je ne brillais pas assez dans la nuit ?*

Et si nos âmes n'étaient que deux étoiles, destinées à se croiser, à se frôler, à s'aimer avant de disparaître et de s'éloigner l'une de l'autre, tout aussi rapidement ?

Tu étais mon étoile filante.

J'aurais tout donné pour que tu restes encore un peu, avant de t'éteindre loin de moi.

Je suis épuisée, tu sais.

Je suis épuisée de l'amour, épuisée de nos souvenirs, épuisée de cette vie sans toi. Je suis épuisée, épuisée de me battre pour chasser ton fantôme. Je suis épuisée du vide que tu as laissé, et contre lequel je me bats chaque jour depuis un an. Je suis épuisée, épuisée de masquer mes émotions quand je sors. Parfois, j'oublie que je porte un costume, et je réalise que faire semblant est devenu une habitude. Je suis épuisée, épuisée de te savoir loin, épuisée de ne jamais te voir revenir.

est-ce que tu reviendras ?
*je suis épuisé*e *de t'attendre.*

Je suis écœurée de l'amour. Ou de ce que je crois,
être encore de l'amour.

Je suis écœurée de voir ce qu'il reste de nous : des miettes éparpillées de partout, des ruines ensevelies sous le chagrin et la douleur, et des centaines de souvenirs abandonnés.

Je suis écœurée de ne pas te voir revenir, d'imaginer le pire, de me battre contre ton silence, toujours aussi terrifiant.

Je suis écœurée d'avoir cru en nous, et surtout en toi.

Je suis écœurée de me sentir seule, perdue, alors que tu avances très bien sans moi.

Je suis écœurée de me sentir aussi faible face à tant d'émotions, face à tous les sentiments qui ne cessent de m'abattre, malgré les jours et le temps qui passe.

Je suis écœurée de penser à ta silhouette, d'avoir l'impression de la croiser, parfois. Je suis encore plus écœurée quand je vois que ce n'est pas vraiment le cas.

Je suis écœurée de ne pas savoir vivre sans toi, même si ça fait plus d'un an que tu es partie.

Je suis écœurée de me sentir toujours aussi abandonnée, et de ne pas savoir te pardonner.

Je suis écœurée par tout, pour tout : les fleurs du jardin, aux couleurs fades, et le ciel gris, qui semble aussi sombre que mon cœur.

Je suis écœurée de sentir mon cœur s'affaiblir sous le même prénom.

Je suis écœurée de pleurer parce que je suis incapable de soigner la blessure que tu as laissée.

Je suis écœurée de voir ce qu'on est devenues, deux inconnues aux mêmes souvenirs.

je suis écœurée de t'aimer, encore.

Quitte-moi, une seconde fois, je t'en supplie.

J'en ai marre de t'aimer, je suis fatiguée de t'offrir toutes mes pensées, et chaque battement de mon cœur.

Quitte mon esprit, ma tête, ton prénom me fait frôler la folie, il me donne envie de t'aimer encore un peu.

Quitte-moi une nouvelle fois, je suis lassée de t'aimer.

Quitte mon cœur, lui qui te réserve cette place à ton nom, inoccupée depuis ton départ.

Quitte-moi, tu n'as plus rien à faire ici, *sous ma peau, contre mon âme,* tu n'es qu'un souvenir façonné, une idée sortie de mon désespoir infini.

Quitte-moi encore une fois, je ne veux plus t'aimer.

Quitte-moi, je n'ai pas la force de le faire. Fuis mon amour qui jamais n'a terni, je n'ai pas la force de l'arrêter. Fuis mes larmes meurtries, je n'ai plus la force de pleurer. Va-t'en, pitié, pars, loin. Ne me regarde plus, détourne-toi, et ne reviens jamais.

quitte-moi, fuis mon amour, abandonne-nous,
je n'ai pas le courage de le faire.

Je n'ai plus envie de t'attendre, alors ordonne à tes souvenirs de me quitter, de te rejoindre, de partir ailleurs, là où tu es, là où je ne serai jamais.

Laisse-moi me reposer, laisse mon cœur panser ses plaies. Il a besoin de repos, de sommeil, d'encore plus de temps. Je dois le soigner de la blessure que tu as laissée en partant. *Mais je ne sais même pas si j'en suis réellement capable. Ou si j'en ai envie.*

Je dois ranger nos affaires, effacer les dernières traces de ton passage dans ma vie, comme si tu n'étais qu'une poussière sur laquelle souffler, pour qu'elle disparaisse. *Mais tu es bien plus que ça.*

Je dois te faire partir une bonne fois pour toute. T'arracher de mon cœur, t'éloigner de mon âme. *Alors qu'elle porte encore ton nom.*

Je dois te déposer, toi et tout ce que tu as oublié, dans une grande boîte, et la ranger dans le grenier, en me promettant de ne plus jamais essayer de venir l'ouvrir de nouveau.

Mais je crois que j'ai besoin de ton aide, je n'y arriverais jamais seul*e*. Pourtant, ce n'est pas faute d'avoir essayé. *Mais tu vis encore sous ma peau.*

Tu hantes toutes les pièces de la maison, et même si tes habitudes m'ont quitté*e*, même s'il ne reste que du matériel qui fane avec le temps, je te vois encore partout.

Alors laisse-moi, s'il te plaît, je suis désespéré*e* de ne pas trouver la force de te chasser tout*e* seul*e*.

ton prénom est en train de faner,
peut-être que mon cœur aussi.

Je suis fatiguée de t'attendre.
Je suis fatiguée de pleurer.
Je suis fatiguée de ne plus dormir.
Je suis fatiguée d'être seule.
Je suis fatiguée d'être triste.
Je suis fatiguée de penser à toi.
Je suis fatiguée de te voir partout.
Je suis fatiguée d'avoir mal.
Je suis fatiguée d'être de mauvaise humeur.
Je suis fatiguée de ne rien faire.
Je suis fatiguée d'avoir peur.
Je suis fatiguée de te voir dans mes cauchemars.
Je suis fatiguée de te chercher.
Je suis fatiguée de ne plus te regarder.
Je suis fatiguée de tenir debout.
Je suis fatiguée d'essayer d'être forte.
Je suis fatiguée de m'écrouler, encore et encore.
Je suis fatiguée d'être comme ça.
Je suis fatiguée de vivre avec ton départ.
Je suis fatiguée de croiser ton fantôme.
Je suis fatiguée de me lever sans toi.
Je suis fatiguée de rester.
Je suis fatiguée d'espérer.
Je suis fatiguée de ne plus savoir sourire.
Je suis fatiguée de souffrir autant.
Je suis fatiguée de t'écrire sans avoir de réponse.
Je suis fatiguée d'être fatiguée.
Je suis fatiguée d'être perdue.
Je suis fatiguée de lutter.
Je suis fatiguée de vivre avec nos souvenirs.
Je suis fatiguée de garder espoir de te revoir.
Je suis fatiguée de tout.
Je suis fatiguée de vivre.
Je suis fatiguée d'exister.
Je suis fatiguée d'être moi.
Je suis fatiguée de t'aimer encore.

je suis fatiguée d'être triste, de t'attendre,
et de ne jamais te voir revenir.

Et si l'obscurité ne partait jamais ?

Tu es partie depuis tant de temps déjà, et autour de moi le monde n'a toujours pas changé. Les couleurs ne sont pas revenues. *Toi non plus.* Malgré tout ce qu'on m'a dit, je n'ai pas retrouvé de plaisir dans quoi que ce soit, je n'avance plus, et j'ai l'impression que plus jamais mon cœur ne se remettra à battre.

J'ai peur de sombrer.

Ça fait déjà si longtemps que tu n'es plus là, et pourtant je continue de te pleurer comme au premier jour, chaque soir, dès que le silence de la nuit me rappelle inlassablement ton absence. J'ai toujours autant la gorge nouée, quand on t'évoque de près ou de loin, ou ce pincement à l'âme, quand j'essaie de parler de toi. Pourquoi je n'avance pas ? Pourquoi suis-je encore bloquée sur ce qu'on était ? Comme si sans toi, mon corps s'était abandonné, que seul ton sourire était ma raison de lutter chaque jour contre la vie. *Mais tu n'en fais plus partie.*

Je ne veux pas rester ainsi pour toujours, c'est trop douloureux, trop éprouvant. Je n'ai pas un seul instant de répit, mes pensées ne sont tournées que vers toi, et tout de ce monde me laisse entrevoir les fantômes de nos jours heureux, et mes larmes reviennent.

nous sommes devenus un souvenir.

j'ai de nouveau peur du noir

Pendant un certain temps, j'ai été incapable de sortir de chez moi. *Je te croisais de partout.* Tu habitais les murs de la ville, chaque parc, tous les lieux dans lesquels je voulais aller. Comment me débarrasser de toi si tu étais omniprésente chez les autres ?

Pendant un certain temps, j'ai été incapable d'écouter de la musique, parce que toutes les chansons parlaient de toi.

Pendant un certain temps, j'ai été incapable de croiser un seul regard, seulement par peur de ne plus trouver le tien.

Pendant un certain temps, j'ai été incapable de parler à mes proches, parce que je savais qu'ils prendraient des nouvelles de toi, alors qu'ils en savaient toujours plus que moi.

Pendant un certain temps, j'ai été incapable de sortir dehors, parce que l'orage me faisait penser à ta colère, la pluie à ma tristesse, le soleil à ce temps qui a fui ma vie en même temps que toi.

Pendant un certain temps, j'ai été incapable d'aligner trois mots sans me mettre à pleurer, parce que ma propre voix me faisait penser à la tienne. Au fait que j'étais en train de l'oublier.

Pendant un certain temps, j'ai été incapable de me lever sans pleurer, parce qu'une nouvelle journée commençait. Une nouvelle journée voyait le jour sans toi.

pendant un certain temps,
j'ai continué de t'aimer.

Après ton départ, je suis restée allongée sans savoir quoi faire. Je ne quittais plus mon lit, si ce n'est pour les quelques besoins vitaux que quémandait mon corps. J'ai laissé mon téléphone de côté, je n'ai pas allumé la télévision, pour ne pas voir que le monde continuait de tourner, même sans toi. Alors une mauvaise routine s'est installée, et je me suis habituée à vivre loin de toi, sans jamais l'accepter.

Aujourd'hui, la vie passe, le temps s'écoule, et la peur me serre dans ses bras.

Je sais que je dois avancer, mais je n'en ai pas la force. Comment as-tu réussi à poser un pied devant l'autre, et à t'éloigner de notre maison, comme si de rien n'était ? Comment as-tu affronté la peur ? Était-elle au rendez-vous, au moins ? *Je n'ai jamais su ce qui te traversait.*

J'ai peur d'ouvrir les fenêtres, de laisser passer la lumière, parce que je n'ai connu que l'obscurité de ton absence. Je veux rester là, chez moi, enfermée près de ce qu'il reste de nous. Je me sens en sécurité près de nos souvenirs, comme s'ils pouvaient me protéger de quoi que ce soit. *Pfff.*

J'ai peur d'avancer. Je suis terrifiée d'ouvrir la porte à d'autres personnes, parce que la première entrée, la dernière partie, c'était toi.

je crois que j'ai peur, tu sais,
de devoir avancer sans toi.

Et si tu disparaissais ?

Et si tu désertais ma mémoire ? Que toute notre histoire s'évaporait comme la rosée du matin ? Que chaque petit moment passé à tes côtés m'apparaissait seulement comme un lointain souvenir, dont on peine à se remémorer les détails.

Je ne veux pas oublier nos premiers échanges, la douceur de tes mots, celle de ton sourire à mes blagues. Notre premier rendez-vous et toutes les émotions que j'ai ressenties ce jour-là.

Ne deviens pas un souvenir effacé.

Je veux me rappeler de tous nos bons moments, *à défaut de ne plus pouvoir en créer*, de tout ce que l'on s'est promis au creux de la nuit et de nos sourires. Tu as beau être parti*e*, tu restes un chapitre primordial de ma vie, et t'oublier reviendrait à oublier une part de ce que je suis, ce que j'étais et ce que je deviens.

si je t'oublie, est-ce que je *nous* oublie ?

Et toi ? M'as-tu oubliée ?

As-tu oublié l'odeur que je laissais sur ce lit ? Le timbre de ma voix qui te réveillait le matin ? La sensation de mes doigts parcourant ton corps, de mes lèvres embrassant les tiennes ?

Te souviens-tu de nous ? De cette union magnifique que l'on formait ? De tout ce que je te donnais : du soutien, de la douceur, de tout ce que tu m'apportais : du réconfort, de l'apaisement ?

As-tu oublié l'harmonie entre nos deux corps, la paix entre nos deux êtres, l'amour entre toi et moi ?

Te rappelles-tu de toutes ces choses que l'on a découvertes, tous ces moments passés à rire, à crier, à jouer, à s'embrasser, à pleurer ? Nos rires dans la nuit, nos promenades près de la mer, nos regards émerveillés devant un coucher de soleil ?

Te souviens-tu des étoiles dans mes yeux ? De la tendresse d'un matin d'hiver, emmitouflé*es* sous les couvertures de notre amour ? Te souviens-tu de nos rêves, de nos promesses, de tout ce que tu as oublié en partant ?

Moi, je n'ai rien oublié. Je me souviens de tout.

Tous ces moments restent dans ma tête, ancrés comme l'odeur de ta peau sur mes draps, de tes mains parcourant mon corps, *comment a-t-on pu finir ainsi ?*

est-ce que tes souvenirs se souviennent de moi ?

Je me pose tellement de questions,
et les réponses me terrifient.

Est-ce que quelqu'un a pris ma place ? Celle que j'aurais aimée garder pour toujours. Celle que j'aimais, celle qui portait mon nom pendant des tas d'années.

T'es-tu noyée dans des bras étrangers ? Est-ce qu'ils te bercent de la même manière que moi ? Te sens-tu en sécurité, contre son corps ? Te fait-il penser au mien ?

Est-ce que ton cœur bat pour cet inconnu, désormais ? Comment as-tu trouvé le courage d'abandonner tes sentiments, nos espoirs, et tout ce qu'on était ? Étais-je si facile à remplacer ?

Est-ce qu'une autre personne te connaît aussi bien que moi ? Je voulais être une exception, rester unique, ça me fait mal d'imaginer qu'un autre puisse prendre cette place, que je pensais réservée.

Est-ce que tu as gardé quelques morceaux de moi, quelques bouts de nous ? Certains vivent encore sous ma peau, je peine à les arracher, comment as-tu réussi ?

Est-ce que d'autres mains réchauffent les tiennes ? L'hiver est là, près de moi, loin de toi. Je donnerais tout pour que mon cœur brûle de nouveau, comme lorsqu'il battait à tes côtés.

Est-ce que d'autres lèvres t'épousent à la place des miennes ? Sa douceur est-elle plus tendre que celle que je t'offrais ? T'embrasse-t-il à ces endroits que tu détestais ? Le fait-il des centaines de fois par jour, ou n'a-t-il jamais essayé ?

Est-ce qu'il t'apprend à aimer ce qui te fait mal, ce qui te fait peur ? J'étais prête à passer ma vie contre ta peau, pour te nommer chaque parcelle de toi dont j'étais — je suis éprise.

Est-ce que sa voix me ressemble ? Est-ce que tu espères encore l'entendre, parfois ? J'en rêve, moi. Je crois que je l'ai complètement oubliée, maintenant. Ça me brise le cœur une énième fois.

Est-ce qu'il t'offre des fleurs, lui aussi ? J'adorais aller chez le même fleuriste, est-ce qu'il t'emmène à ce même endroit ? Penses-tu encore à moi quand tu y passes ?

Est-ce que tu rougis à ses mots comme aux miens ? Je me souviens de tes fossettes, que j'embrassais dès leur naissance. Qu'est-ce que ça me manque, de te regarder sourire.

Est-ce qu'il t'aime comme je t'aimais — t'aime ?

Est-ce que ce que je faisais, le fait-il mieux que moi ? Peut-être que c'est pour cette raison que tu n'es jamais revenue.

reviens reviens reviens reviens reviens reviens reviens reviens
reviens reviens reviens reviens reviens reviens reviens reviens
reviens reviens reviens reviens reviens reviens reviens reviens
reviens reviens reviens reviens reviens reviens reviens reviens
reviens reviens reviens reviens reviens reviens reviens reviens
reviens reviens reviens reviens reviens reviens reviens reviens
reviens reviens reviens reviens reviens reviens reviens reviens
reviens reviens reviens reviens reviens reviens reviens reviens
reviens reviens reviens reviens reviens reviens reviens reviens
reviens reviens reviens reviens reviens reviens reviens reviens
reviens reviens reviens reviens reviens reviens reviens reviens
reviens reviens reviens reviens reviens reviens reviens reviens
reviens reviens reviens reviens reviens reviens reviens reviens
reviens reviens reviens reviens reviens reviens reviens reviens
reviens reviens reviens reviens reviens reviens reviens reviens
reviens reviens reviens reviens reviens reviens reviens reviens
reviens reviens reviens reviens reviens reviens reviens reviens
reviens reviens reviens reviens reviens reviens reviens reviens
reviens reviens reviens reviens reviens reviens reviens reviens
reviens reviens reviens reviens reviens reviens reviens reviens
reviens reviens reviens reviens reviens reviens reviens reviens
reviens reviens reviens reviens reviens reviens reviens reviens
reviens reviens reviens reviens reviens reviens reviens reviens
reviens reviens reviens reviens reviens reviens reviens reviens
reviens reviens reviens reviens reviens reviens reviens reviens
reviens reviens reviens reviens reviens reviens reviens reviens
reviens reviens reviens reviens reviens reviens reviens reviens
reviens reviens reviens reviens reviens reviens reviens reviens
reviens reviens reviens reviens reviens reviens reviens reviens
reviens reviens reviens reviens reviens reviens reviens reviens
reviens reviens reviens reviens reviens reviens reviens reviens
reviens reviens reviens reviens reviens reviens reviens reviens
reviens reviens reviens reviens reviens reviens reviens reviens

reviens reviens reviens reviens reviens reviens reviens reviens
reviens reviens reviens reviens reviens reviens reviens reviens
reviens reviens reviens reviens reviens reviens reviens reviens
reviens reviens reviens reviens reviens reviens reviens reviens
reviens reviens reviens reviens reviens reviens reviens reviens
reviens reviens reviens reviens reviens reviens reviens reviens
reviens reviens reviens reviens reviens reviens reviens reviens
reviens reviens reviens reviens reviens reviens reviens reviens
reviens reviens reviens reviens reviens reviens reviens reviens
reviens reviens reviens reviens reviens reviens reviens reviens
reviens reviens reviens reviens reviens reviens reviens reviens
reviens reviens reviens reviens reviens reviens reviens reviens
reviens reviens reviens reviens reviens reviens reviens reviens
reviens reviens reviens reviens reviens reviens reviens reviens
reviens reviens reviens reviens reviens reviens reviens reviens
reviens reviens reviens reviens reviens reviens reviens reviens
reviens reviens reviens reviens reviens reviens reviens reviens
reviens reviens reviens reviens reviens reviens reviens reviens
reviens reviens reviens reviens reviens reviens reviens reviens
reviens reviens reviens reviens reviens reviens reviens reviens
reviens reviens reviens reviens reviens reviens reviens reviens
reviens reviens reviens reviens reviens reviens reviens reviens
reviens reviens reviens reviens reviens reviens reviens reviens
reviens reviens reviens reviens reviens reviens reviens reviens
reviens reviens reviens reviens reviens reviens reviens reviens
reviens reviens reviens reviens reviens reviens reviens reviens
reviens reviens reviens reviens reviens reviens reviens reviens
reviens reviens reviens reviens reviens reviens reviens reviens
reviens reviens reviens reviens reviens reviens reviens reviens
reviens reviens reviens reviens reviens reviens reviens reviens
reviens reviens reviens reviens reviens reviens reviens reviens
reviens reviens reviens reviens reviens reviens reviens reviens
reviens reviens reviens reviens reviens reviens reviens reviens

reviens reviens reviens reviens reviens reviens reviens reviens
reviens reviens reviens reviens reviens reviens reviens reviens
reviens reviens reviens reviens reviens reviens reviens reviens
reviens reviens reviens reviens reviens reviens reviens reviens
reviens reviens reviens reviens reviens reviens reviens reviens
reviens reviens reviens reviens reviens reviens reviens reviens
reviens reviens reviens reviens reviens reviens reviens reviens
reviens reviens reviens reviens reviens reviens reviens reviens
reviens reviens reviens reviens reviens reviens reviens reviens
reviens reviens reviens reviens reviens reviens reviens reviens
reviens reviens reviens reviens reviens reviens reviens reviens
reviens reviens reviens reviens reviens reviens reviens reviens
reviens reviens reviens reviens reviens reviens reviens reviens
reviens reviens reviens reviens reviens reviens reviens reviens
reviens reviens reviens reviens reviens reviens reviens reviens
reviens reviens reviens reviens reviens reviens reviens reviens
reviens reviens reviens reviens reviens reviens reviens reviens
reviens reviens reviens reviens reviens reviens reviens reviens
reviens reviens reviens reviens reviens reviens reviens reviens
reviens reviens reviens reviens reviens reviens reviens reviens
reviens reviens reviens reviens reviens reviens reviens reviens
reviens reviens reviens reviens reviens reviens reviens reviens
reviens reviens reviens reviens reviens reviens reviens reviens
reviens reviens reviens reviens reviens reviens reviens reviens
reviens reviens reviens reviens reviens reviens reviens reviens
reviens reviens reviens reviens reviens reviens reviens reviens
reviens reviens reviens reviens reviens reviens reviens reviens
reviens reviens reviens reviens reviens reviens reviens reviens
reviens reviens reviens reviens reviens reviens reviens reviens
reviens reviens reviens reviens reviens reviens reviens reviens
reviens reviens reviens reviens reviens reviens reviens reviens
reviens reviens reviens reviens reviens reviens reviens reviens

reviens reviens reviens reviens reviens reviens reviens reviens
reviens reviens reviens reviens reviens reviens reviens reviens
reviens reviens reviens reviens reviens reviens reviens reviens
reviens reviens reviens reviens reviens reviens reviens reviens
reviens reviens reviens reviens reviens reviens reviens reviens
reviens reviens reviens reviens reviens reviens reviens reviens
reviens reviens reviens reviens reviens reviens reviens reviens
reviens reviens reviens reviens reviens reviens reviens reviens
reviens reviens reviens reviens reviens reviens reviens reviens
reviens reviens reviens reviens reviens reviens reviens reviens
reviens reviens reviens reviens reviens reviens reviens reviens
reviens reviens reviens reviens reviens reviens reviens reviens
reviens reviens reviens reviens reviens reviens reviens reviens
reviens reviens reviens reviens reviens reviens reviens reviens
reviens reviens reviens reviens reviens reviens reviens reviens
reviens reviens reviens reviens reviens reviens reviens reviens
reviens reviens reviens reviens reviens reviens reviens reviens
reviens reviens reviens reviens reviens reviens reviens reviens
reviens reviens reviens reviens reviens reviens reviens reviens
reviens reviens reviens reviens reviens reviens reviens
reviens reviens reviens reviens reviens reviens reviens
reviens reviens reviens reviens reviens reviens reviens
reviens reviens reviens reviens reviens reviens reviens
reviens reviens reviens reviens reviens reviens reviens
reviens reviens reviens reviens reviens reviens reviens
reviens reviens reviens reviens reviens reviens reviens
reviens reviens reviens reviens reviens reviens reviens
reviens reviens reviens reviens reviens reviens reviens
reviens reviens reviens reviens reviens reviens reviens
reviens reviens reviens reviens reviens reviens reviens
reviens reviens reviens reviens reviens reviens reviens
reviens reviens reviens reviens reviens reviens reviens
reviens reviens reviens reviens reviens reviens reviens
reviens reviens reviens reviens reviens reviens reviens

reviens reviens reviens reviens reviens reviens reviens reviens
reviens reviens reviens reviens reviens reviens reviens reviens
reviens reviens reviens reviens reviens reviens reviens reviens
reviens reviens reviens reviens reviens reviens reviens reviens
reviens reviens reviens reviens reviens reviens reviens reviens
reviens reviens reviens reviens reviens reviens reviens reviens
reviens reviens reviens reviens reviens reviens reviens reviens
reviens reviens reviens reviens reviens reviens reviens reviens
reviens reviens reviens reviens reviens reviens reviens reviens
reviens reviens reviens reviens reviens reviens reviens reviens
reviens reviens reviens reviens reviens reviens reviens reviens
reviens reviens reviens reviens reviens reviens reviens reviens
reviens reviens reviens reviens reviens reviens reviens reviens
reviens reviens reviens reviens reviens reviens reviens reviens
reviens reviens reviens reviens reviens reviens reviens reviens
reviens reviens reviens reviens reviens reviens reviens reviens
reviens reviens reviens reviens reviens reviens reviens reviens
reviens reviens reviens reviens reviens reviens reviens reviens
reviens reviens reviens reviens reviens reviens reviens reviens
reviens reviens reviens reviens reviens reviens reviens reviens
reviens reviens reviens reviens reviens reviens reviens reviens
reviens reviens reviens reviens reviens reviens reviens reviens
reviens reviens reviens reviens reviens reviens reviens reviens
reviens reviens reviens reviens reviens reviens reviens reviens
reviens reviens reviens reviens reviens reviens reviens reviens
reviens reviens reviens reviens reviens reviens reviens reviens
reviens reviens reviens reviens reviens reviens reviens reviens
reviens reviens reviens reviens reviens reviens reviens reviens
reviens reviens reviens reviens reviens reviens reviens reviens
reviens reviens reviens reviens reviens reviens reviens reviens
reviens reviens reviens reviens reviens reviens reviens reviens
reviens reviens reviens reviens reviens reviens reviens reviens
reviens reviens reviens reviens reviens reviens reviens reviens
reviens reviens reviens reviens reviens reviens reviens reviens

reviens reviens reviens reviens reviens reviens reviens reviens
reviens reviens reviens reviens reviens reviens reviens reviens
reviens reviens reviens reviens reviens reviens reviens reviens
reviens reviens reviens reviens reviens reviens reviens reviens
reviens reviens reviens reviens reviens reviens reviens reviens
reviens reviens reviens reviens reviens reviens reviens reviens
reviens reviens reviens reviens reviens reviens reviens reviens
reviens reviens reviens reviens reviens reviens reviens reviens
reviens reviens reviens reviens reviens reviens reviens reviens
reviens reviens reviens reviens reviens reviens reviens reviens
reviens reviens reviens reviens reviens reviens reviens reviens
reviens reviens reviens reviens reviens reviens reviens reviens
reviens reviens reviens reviens reviens reviens reviens reviens
reviens reviens reviens reviens reviens reviens reviens reviens
reviens reviens reviens reviens reviens reviens reviens reviens
reviens reviens reviens reviens reviens reviens reviens reviens
reviens reviens reviens reviens reviens reviens reviens reviens
reviens reviens reviens reviens reviens reviens reviens reviens
reviens reviens reviens reviens reviens reviens reviens
reviens reviens reviens reviens reviens reviens reviens reviens
reviens reviens reviens reviens reviens reviens reviens reviens
reviens reviens reviens reviens reviens reviens reviens reviens
reviens reviens reviens reviens reviens reviens reviens reviens
reviens reviens reviens reviens reviens reviens reviens reviens
reviens reviens reviens reviens reviens reviens reviens reviens
reviens reviens reviens reviens reviens reviens reviens reviens
reviens reviens reviens reviens reviens reviens reviens reviens
reviens reviens reviens reviens reviens reviens reviens reviens
reviens reviens reviens reviens reviens reviens reviens reviens
reviens reviens reviens reviens reviens reviens reviens reviens
reviens reviens reviens reviens reviens reviens reviens reviens
reviens reviens reviens reviens reviens reviens reviens reviens
reviens reviens reviens reviens reviens reviens reviens reviens..

C'est la première fois que j'imagine l'avenir sans nous.

C'est la première fois que je pense à cette vie que tu as quittée, et à la prochaine, dans laquelle tu n'existeras plus. Comment est-ce possible ? Comment est-ce que tu as pu perdre ta place ? Maintenant, je dois me relever, attraper quelques affaires, et quitter notre maison, seulement habitée par des fantômes. Je dois quitter ce monde fait de ruines et de tristesse. Ce monde dans lequel est mort notre amour, dans lequel nos cœurs ont cessé de battre à l'unisson. Ce monde fait d'amour et de souvenirs, d'amour et de rêves, d'amour et d'étoiles. *Je crois que la dernière vient de s'éteindre hier soir.*

c'est la première fois que j'imagine le monde sans toi,
c'est terrifiant.

Et c'est à la nuit tombée que mes plus grands effrois s'animent, que je ne deviens plus propriétaire de mes pensées et que toutes mes craintes deviennent réelles. Je t'ai aperçue dans bien des rêves, quand tu prenais un plaisir malsain à me faire vivre toutes les horreurs que j'ai pu imaginer à mes dépends.

Je t'ai vu de mille et une façons, dans les bras d'autrui, me riant au nez. Au moment où ces cauchemars me torturaient je t'imaginais rire aux éclats avec quelqu'un qui n'étais pas moi, *et il n'y a pas pire torture que celle de ses propres rêves.* Tous tes silences donnaient lieux aux plus atroces des possibilités, et chaque soir, je savais que la guillotine allait s'abattre et s'écrouler sur moi. À l'instant même où je fermerais mes yeux, mes défenses allaient se briser et tout allait recommencer, encore, en ayant pourtant cette douloureuse impression que c'était la première fois.

J'ai fini par haïr le fait de dormir, de te retrouver même quand tu étais censée disparaître réellement. J'ai tant lutté pour ne pas sombrer dans le sommeil, j'ai essayé de retarder autant que possible l'échéance de ma torture quotidienne... Mais tu es là, inlassablement, tu maintiens le souvenir intact, *mais à quel prix ?*

Je suis terrifiée à l'idée de dormir, de fermer les yeux, parce que je sais que je te retrouve dans chacun de mes rêves — *de mes cauchemars.* Tu ne me quittes jamais entièrement, tu continues de me hanter en silence.

Presque deux ans que tu es partie.

Où est-ce que j'en suis ? Nulle part. Je ne sais pas si j'ai avancé, parce que je souffre toujours. Tu es une blessure qui saigne encore, et je ne sais pas comment guérir de *nous*.

Je te vois encore dans certaines rues, et j'en ai abandonné d'autres, pour être certaine de ne pas te croiser. J'ai arrêté d'aller dans nos endroits préférés, dans tous ceux qui ont vu naître notre amour et qui ont regardé le tien s'éteindre. J'ai cessé de te chercher de partout, cessé de croire que tu reviendrais. J'ai quitté notre maison, jeté tout ce qu'il restait de toi, et j'ai enterré notre histoire.

Je pensais que le deuil s'arrêtait quand les larmes ne coulaient plus. *J'ai eu tort.* Il continue encore, et bien après. Je ne sais pas au bout de combien de temps il partira.

La colère s'est réveillée depuis quelques jours, et je t'avoue que je ne sais comment l'éteindre. Elle brûle, ravage les ruines d'un monde dans lequel il ne reste plus rien. Elle brûle et dévaste une nouvelle fois ce qui est déjà détruit.

Je ne sais plus quand cette émotion est venue à ma rencontre, — *ou à ma rescousse*, mais je l'en remercie. Depuis ton départ, c'est la première fois que j'ai l'impression de sortir la tête hors de la peine et de respirer.

La rancœur est une flamme que le chagrin n'éteint pas, et je me demande si j'ai envie qu'elle disparaisse. Elle m'empêche de souffrir le martyr. Pour la première fois depuis deux ans, la douleur faiblit. La douleur s'estompe. Peut-être que la rage est un pansement, et si c'est le cas, je ne compte pas l'enlever maintenant.

la haine ressemble à l'amour, tu sais,
mais ce sentiment ne veut plus dire *je t'aime.*

tu m'as abandonnée

tu m'as abandonné*e*.
tu m'as abandonné*e*.
tu m'as abandonné*e*.
tu m'as abandonné*e*.
tu m'as abandonné*e*.
tu m'as abandonné*e*.
tu m'as abandonné*e*.
tu m'as abandonné*e*.
tu m'as abandonné*e*.
tu m'as abandonné*e*.
tu m'as abandonné*e*.
tu m'as abandonné*e*.
tu m'as abandonné*e*.
tu m'as abandonné*e*.
tu m'as abandonné*e*.
tu m'as abandonné*e*.
tu m'as abandonné*e*.
tu m'as abandonné*e*.
tu m'as abandonné*e*.
tu m'as abandonné*e*.
tu m'as abandonné*e*.
tu m'as abandonné*e*.
tu m'as abandonné*e*.
tu m'as abandonné*e*.
tu m'as abandonné*e*.
tu m'as abandonné*e*.
tu m'as abandonné*e*.
tu m'as abandonné*e*.
tu m'as abandonné*e*.
tu m'as abandonné*e*.
tu m'as abandonné*e*.
tu m'as abandonné*e*.
tu m'as abandonné*e*.
tu m'as abandonné*e*.
tu m'as abandonné*e*.
tu m'as abandonné*e*.

tu m'as abandonné*e,*
comment pourrais-je un jour te pardonner ?

Tu m'as trahie. Tu m'as menti. Tu m'as abandonnée.

Tu as piétiné mon cœur et nos promesses, mon cœur et notre avenir, mon cœur et notre histoire. Sans peine et sans pitié. Tu savais ce que tu allais faire, pourquoi ne pas m'en avoir parlé ? Pourquoi ne pas m'avoir précisé que la vie n'était pas belle ni dans mes bras, ni près de moi ? Peut-être que je l'aurais compris. Peut-être même que je l'aurais accepté.

Tu es partie. Tu as fui. Tu m'as abandonnée.

Tu m'as quittée du jour au lendemain, et j'ai dû apprendre à vivre une nouvelle fois. C'était douloureux, tu sais. Je t'ai longtemps attendue et aimée. Je t'ai longtemps cherchée et perdue, encore. Le temps n'a pas pansé la blessure que tu m'as laissée, mais la colère s'en est chargée à sa place. Je crois que je commence tout juste à cicatriser.

j'ai eu besoin de notre amour pour vivre,
j'ai eu besoin de la haine pour survivre.

Un matin je me suis réveillée, et quelqu'un a toqué à ma porte. Personne ne l'avait fait depuis que tu es partie en poussant la tristesse dans mes bras. Celle-ci ne m'a toujours pas quittée, mais elle s'endort souvent, ces derniers jours. Jusqu'à se cacher dans la maison quand la colère est apparue sur le perron. Celle-la ne m'a pas laissé le choix, elle a démoli la porte d'entrée pour se faire un passage et s'est présentée comme seul sauveur. *Tu y crois, toi ?* Un nouveau sentiment débarque et je n'ai pas d'autre choix que de le regarder prendre ses aises chez moi.

Alors, la première chose que la colère m'a dit : « Tu ne l'oublieras pas, mais la tristesse va s'en aller. Je t'en fais la promesse. On va trier ses affaires et lui dire de partir. Elle est restée trop longtemps, ça ne peut plus durer. Tu as assez souffert, assez pleuré. Cette page doit se tourner, ok ? Je vais t'aider, on va le faire ensemble. »

Tu sais ce qu'elle a fait ? Elle a jeté les valises de ma peine hors de la maison et m'a dit que la prochaine personne à quitter cet endroit, ce serait moi. Je ne sais pas quoi penser. Je n'ai jamais imaginé abandonner cette maison. Toi non plus, il me semble, et pourtant tu l'as fait.

je te déteste, je crois.

.

Ce matin, le réveil était différent de tous les autres. Quand autrefois j'espérais te parler, te voir, nous retrouver, aujourd'hui, j'espère seulement que tu vas disparaître entièrement. De ma peau, de mon cœur, de mon esprit. Je ne veux plus pourrir de l'intérieur à cause du souvenir que j'ai de toi, qui ne veut pas me quitter.

Parce que si ton visage affaibli mon cœur, un jour il l'empêchera de battre. Et je ne peux pas te laisser faire ça. Je ne peux plus te laisser me tuer à petit feu, je t'ai déjà tant donné, ne m'enlève pas la vie. C'est tout ce qu'il me reste.

Je veux avancer, je veux panser cette blessure. Je veux cicatriser. Je veux tourner la page. *Je ne veux plus t'aimer.* Plus jamais.

quand est-ce que ton souvenir s'en ira,
quand est-ce qu'il me quittera, lui aussi ?

Pendant longtemps, je pensais que tes yeux me permettraient de guérir, mais je me suis trompée. Tu ne pouvais pas me soigner, pas après toutes les plaies qui portaient ton prénom. Pas après toutes les fissures que mon être gardait, pas après tous les morceaux que mon cœur avait perdus.

Tu n'étais pas le remède, contrairement à ce que je croyais. Tu étais ce beau poison qui met beaucoup de temps à agir, à affaiblir, à tuer. Et je n'ai plus envie de mourir, désormais. Pas après ces mois, ces années à courir vers la sortie, vers la fin de l'enfer. Pas après ces années à dépérir de ton absence. Pas après tout ce que j'ai affronté par ta faute.

Je veux vivre. Je veux vivre sans toi.

l'amour a quitté mon cœur
lorsque la colère l'a empoisonné.

Tu n'as pas la moindre idée de la souffrance que tu m'as fait endurer, de la torture que j'ai subie pendant tant de temps. Tu ne sais pas le nombre de fois que j'ai pleuré quand ton visage passait dans mon esprit, que je tombais au hasard sur une de nos conversations, quand quelqu'un t'évoquait, tu ne sais pas ce que j'ai vécu, par ta faute, parce que tu m'as abandonnée, après m'avoir trahie. Tu as pris mon cœur et tu l'as arraché, piétiné, écrasé et pire encore, tu m'as brisé l'âme, qui j'étais, ce que je représentais.

J'en ai fini par me détester par ta faute. Je ne crois plus en moi, plus en mes capacités, plus en tout ce que j'ai déjà accompli. Tu m'as laissée comme une coquille vide, comme un jouet dont tu t'es lassé. Tu as brisé chaque partie de moi, en ressentant cette douleur immense à chaque fois, celle de ton abandon, de ton départ, de la lâcheté dont tu as fais preuve.

J'en ai même pensé à la mort, tant je suis tombée bas par ta faute, tu m'as traînée plus bas que terre, tu m'as écrasée contre le sol et m'as enfoncée sous l'eau, jusqu'à me noyer, et tu m'as laissé couler à pic sans même te retourner, sans une once d'inquiétude à mon égard. Tu ne sais pas toutes les pensées atroces que j'ai eues envers moi-même le soir, pendant que je continuais de pleurer ton départ, j'ai failli sombrer dans tant de choses, par ta faute. *J'aurais pu mourir et ça t'aurait été égal, parce que tu m'as déjà tuée.*

j'aurais préféré te détester tout de suite
plutôt que de continuer de t'aimer.

je te déteste je te déteste je te déteste je te déteste je te déteste
je te déteste je te déteste je te déteste je te déteste je te déteste
je te déteste je te déteste je te déteste je te déteste je te déteste
je te déteste je te déteste je te déteste je te déteste je te déteste
je te déteste je te déteste je te déteste je te déteste je te déteste
je te déteste je te déteste je te déteste je te déteste je te déteste
je te déteste je te déteste je te déteste je te déteste je te déteste
je te déteste je te déteste je te déteste je te déteste je te déteste
je te déteste je te déteste je te déteste je te déteste je te déteste
je te déteste je te déteste je te déteste je te déteste je te déteste
je te déteste je te déteste je te déteste je te déteste je te déteste
je te déteste je te déteste je te déteste je te déteste je te déteste
je te déteste je te déteste je te déteste je te déteste je te déteste
je te déteste je te déteste je te déteste je te déteste je te déteste
je te déteste je te déteste je te déteste je te déteste je te déteste
je te déteste je te déteste je te déteste je te déteste je te déteste
je te déteste je te déteste je te déteste je te déteste je te déteste
je te déteste je te déteste je te déteste je te déteste je te déteste
je te déteste je te déteste je te déteste je te déteste je te déteste
je te déteste je te déteste je te déteste je te déteste je te déteste
je te déteste je te déteste je te déteste je te déteste je te déteste
je te déteste je te déteste je te déteste je te déteste je te déteste
je te déteste je te déteste je te déteste je te déteste je te déteste
je te déteste je te déteste je te déteste je te déteste je te déteste
je te déteste je te déteste je te déteste je te déteste je te déteste
je te déteste je te déteste je te déteste je te déteste je te déteste
je te déteste je te déteste je te déteste je te déteste je te déteste
je te déteste je te déteste je te déteste je te déteste je te déteste
je te déteste je te déteste je te déteste je te déteste je te déteste
je te déteste je te déteste je te déteste je te déteste je te déteste
je te déteste je te déteste je te déteste je te déteste je te déteste
je te déteste je te déteste je te déteste je te déteste je te déteste
je te déteste je te déteste je te déteste je te déteste je te déteste
je te déteste je te déteste je te déteste je te déteste je te déteste
je te déteste je te déteste je te déteste je te déteste je te déteste
je te déteste je te déteste je te déteste je te déteste je te déteste

je te déteste je te déteste je te déteste je te déteste je te déteste
je te déteste je te déteste je te déteste je te déteste je te déteste
je te déteste je te déteste je te déteste je te déteste je te déteste
je te déteste je te déteste je te déteste je te déteste je te déteste
je te déteste je te déteste je te déteste je te déteste je te déteste
je te déteste je te déteste je te déteste je te déteste je te déteste
je te déteste je te déteste je te déteste je te déteste je te déteste
je te déteste je te déteste je te déteste je te déteste je te déteste
je te déteste je te déteste je te déteste je te déteste je te déteste
je te déteste je te déteste je te déteste je te déteste je te déteste
je te déteste je te déteste je te déteste je te déteste je te déteste
je te déteste je te déteste je te déteste je te déteste je te déteste
je te déteste je te déteste je te déteste je te déteste je te déteste
je te déteste je te déteste je te déteste je te déteste je te déteste
je te déteste je te déteste je te déteste je te déteste je te déteste
je te déteste je te déteste je te déteste je te déteste je te déteste
je te déteste je te déteste je te déteste je te déteste je te déteste
je te déteste je te déteste je te déteste je te déteste je te déteste
je te déteste je te déteste je te déteste je te déteste je te déteste
je te déteste je te déteste je te déteste je te déteste je te déteste
je te déteste je te déteste je te déteste je te déteste je te déteste
je te déteste je te déteste je te déteste je te déteste je te déteste
je te déteste je te déteste je te déteste je te déteste je te déteste
je te déteste je te déteste je te déteste je te déteste je te déteste
je te déteste je te déteste je te déteste je te déteste je te déteste
je te déteste je te déteste je te déteste je te déteste je te déteste
je te déteste je te déteste je te déteste je te déteste je te déteste
je te déteste je te déteste je te déteste je te déteste je te déteste
je te déteste je te déteste je te déteste je te déteste je te déteste
je te déteste je te déteste je te déteste je te déteste je te déteste
je te déteste je te déteste je te déteste je te déteste je te déteste
je te déteste je te déteste je te déteste je te déteste je te déteste
je te déteste je te déteste je te déteste je te déteste je te déteste
je te déteste je te déteste je te déteste je te déteste je te déteste
je te déteste je te déteste je te déteste je te déteste je te déteste
je te déteste je te déteste je te déteste je te déteste je te déteste
je te déteste je te déteste je te déteste je te déteste je te déteste
je te déteste je te déteste je te déteste je te déteste je te déteste

je te déteste je te déteste je te déteste je te déteste je te déteste
je te déteste je te déteste je te déteste je te déteste je te déteste
je te déteste je te déteste je te déteste je te déteste je te déteste
je te déteste je te déteste je te déteste je te déteste je te déteste
je te déteste je te déteste je te déteste je te déteste je te déteste
je te déteste je te déteste je te déteste je te déteste je te déteste
je te déteste je te déteste je te déteste je te déteste je te déteste
je te déteste je te déteste je te déteste je te déteste je te déteste
je te déteste je te déteste je te déteste je te déteste je te déteste
je te déteste je te déteste je te déteste je te déteste je te déteste
je te déteste je te déteste je te déteste je te déteste je te déteste
je te déteste je te déteste je te déteste je te déteste je te déteste
je te déteste je te déteste je te déteste je te déteste je te déteste
je te déteste je te déteste je te déteste je te déteste je te déteste
je te déteste je te déteste je te déteste je te déteste je te déteste
je te déteste je te déteste je te déteste je te déteste je te déteste
je te déteste je te déteste je te déteste je te déteste je te déteste
je te déteste je te déteste je te déteste je te déteste je te déteste
je te déteste je te déteste je te déteste je te déteste je te déteste
je te déteste je te déteste je te déteste je te déteste je te déteste
je te déteste je te déteste je te déteste je te déteste je te déteste
je te déteste je te déteste je te déteste je te déteste je te déteste
je te déteste je te déteste je te déteste je te déteste je te déteste
je te déteste je te déteste je te déteste je te déteste je te déteste
je te déteste je te déteste je te déteste je te déteste je te déteste
je te déteste je te déteste je te déteste je te déteste je te déteste
je te déteste je te déteste je te déteste je te déteste je te déteste
je te déteste je te déteste je te déteste je te déteste je te déteste
je te déteste je te déteste je te déteste je te déteste je te déteste
je te déteste je te déteste je te déteste je te déteste je te déteste
je te déteste je te déteste je te déteste je te déteste je te déteste
je te déteste je te déteste je te déteste je te déteste je te déteste
je te déteste je te déteste je te déteste je te déteste je te déteste
je te déteste je te déteste je te déteste je te déteste je te déteste
je te déteste je te déteste je te déteste je te déteste je te déteste
je te déteste je te déteste je te déteste je te déteste je te déteste
je te déteste je te déteste je te déteste je te déteste je te déteste

je te déteste je te déteste je te déteste je te déteste je te déteste
je te déteste je te déteste je te déteste je te déteste je te déteste
je te déteste je te déteste je te déteste je te déteste je te déteste
je te déteste je te déteste je te déteste je te déteste je te déteste
je te déteste je te déteste je te déteste je te déteste je te déteste
je te déteste je te déteste je te déteste je te déteste je te déteste
je te déteste je te déteste je te déteste je te déteste je te déteste
je te déteste je te déteste je te déteste je te déteste je te déteste
je te déteste je te déteste je te déteste je te déteste je te déteste
je te déteste je te déteste je te déteste je te déteste je te déteste
je te déteste je te déteste je te déteste je te déteste je te déteste
je te déteste je te déteste je te déteste je te déteste je te déteste
je te déteste je te déteste je te déteste je te déteste je te déteste
je te déteste je te déteste je te déteste je te déteste je te déteste
je te déteste je te déteste je te déteste je te déteste je te déteste
je te déteste je te déteste je te déteste je te déteste je te déteste
je te déteste je te déteste je te déteste je te déteste je te déteste
je te déteste je te déteste je te déteste je te déteste je te déteste
je te déteste je te déteste je te déteste je te déteste je te déteste
je te déteste je te déteste je te déteste je te déteste je te déteste
je te déteste je te déteste je te déteste je te déteste je te déteste
je te déteste je te déteste je te déteste je te déteste je te déteste
je te déteste je te déteste je te déteste je te déteste je te déteste
je te déteste je te déteste je te déteste je te déteste je te déteste
je te déteste je te déteste je te déteste je te déteste je te déteste
je te déteste je te déteste je te déteste je te déteste je te déteste
je te déteste je te déteste je te déteste je te déteste je te déteste
je te déteste je te déteste je te déteste je te déteste je te déteste
je te déteste je te déteste je te déteste je te déteste je te déteste
je te déteste je te déteste je te déteste je te déteste je te déteste
je te déteste je te détcste je te déteste je te déteste je te déteste
je te déteste je te déteste je te déteste je te déteste je te déteste
je te déteste je te déteste je te déteste je te déteste je te déteste
je te déteste je te déteste je te déteste je te déteste je te déteste
je te déteste je te déteste je te déteste je te déteste je te déteste
je te déteste je te déteste je te déteste je te déteste je te déteste
je te déteste je te déteste je te déteste je te déteste je te déteste
je te déteste je te déteste je te déteste je te déteste je te déteste

je te déteste je te déteste je te déteste je te déteste je te déteste
je te déteste je te déteste je te déteste je te déteste je te déteste
je te déteste je te déteste je te déteste je te déteste je te déteste
je te déteste je te déteste je te déteste je te déteste je te déteste
je te déteste je te déteste je te déteste je te déteste je te déteste
je te déteste je te déteste je te déteste je te déteste je te déteste
je te déteste je te déteste je te déteste je te déteste je te déteste
je te déteste je te déteste je te déteste je te déteste je te déteste
je te déteste je te déteste je te déteste je te déteste je te déteste
je te déteste je te déteste je te déteste je te déteste je te déteste
je te déteste je te déteste je te déteste je te déteste je te déteste
je te déteste je te déteste je te déteste je te déteste je te déteste
je te déteste je te déteste je te déteste je te déteste je te déteste
je te déteste je te déteste je te déteste je te déteste je te déteste
je te déteste je te déteste je te déteste je te déteste je te déteste
je te déteste je te déteste je te déteste je te déteste je te déteste
je te déteste je te déteste je te déteste je te déteste je te déteste
je te déteste je te déteste je te déteste je te déteste je te déteste
je te déteste je te déteste je te déteste je te déteste je te déteste
je te déteste je te déteste je te déteste je te déteste je te déteste
je te déteste je te déteste je te déteste je te déteste je te déteste
je te déteste je te déteste je te déteste je te déteste je te déteste
je te déteste je te déteste je te déteste je te déteste je te déteste
je te déteste je te déteste je te déteste je te déteste je te déteste
je te déteste je te déteste je te déteste je te déteste je te déteste
je te déteste je te déteste je te déteste je te déteste je te déteste
je te déteste je te déteste je te déteste je te déteste je te déteste
je te déteste je te déteste je te déteste je te déteste je te déteste
je te déteste je te déteste je te déteste je te déteste je te déteste
je te déteste je te déteste je te déteste je te déteste je te déteste
je te déteste je te déteste je te déteste je te déteste je te déteste
je te déteste je te déteste je te déteste je te déteste je te déteste
je te déteste je te déteste je te déteste je te déteste je te déteste
je te déteste je te déteste je te déteste je te déteste je te déteste
je te déteste je te déteste je te déteste je te déteste je te déteste
je te déteste je te déteste je te déteste je te déteste je te déteste
je te déteste je te déteste je te déteste je te déteste je te déteste
je te déteste je te déteste je te déteste je te déteste je te déteste

je te déteste je te déteste je te déteste je te déteste je te déteste
je te déteste je te déteste je te déteste je te déteste je te déteste
je te déteste je te déteste je te déteste je te déteste je te déteste
je te déteste je te déteste je te déteste je te déteste je te déteste
je te déteste je te déteste je te déteste je te déteste je te déteste
je te déteste je te déteste je te déteste je te déteste je te déteste
je te déteste je te déteste je te déteste je te déteste je te déteste
je te déteste je te déteste je te déteste je te déteste je te déteste
je te déteste je te déteste je te déteste je te déteste je te déteste
je te déteste je te déteste je te déteste je te déteste je te déteste
je te déteste je te déteste je te déteste je te déteste je te déteste
je te déteste je te déteste je te déteste je te déteste je te déteste
je te déteste je te déteste je te déteste je te déteste je te déteste
je te déteste je te déteste je te déteste je te déteste je te déteste
je te déteste je te déteste je te déteste je te déteste je te déteste
je te déteste je te déteste je te déteste je te déteste je te déteste
je te déteste je te déteste je te déteste je te déteste je te déteste
je te déteste je te déteste je te déteste je te déteste je te déteste
je te déteste je te déteste je te déteste je te déteste je te déteste
je te déteste je te déteste je te déteste je te déteste je te déteste
je te déteste je te déteste je te déteste je te déteste je te déteste
je te déteste je te déteste je te déteste je te déteste je te déteste
je te déteste je te déteste je te déteste je te déteste je te déteste
je te déteste je te déteste je te déteste je te déteste je te déteste
je te déteste je te déteste je te déteste je te déteste je te déteste
je te déteste je te déteste je te déteste je te déteste je te déteste
je te déteste je te déteste je te déteste je te déteste je te déteste
je te déteste je te déteste je te déteste je te déteste je te déteste
je te déteste je te déteste je te déteste je te déteste je te déteste
je te déteste je te déteste je te déteste je te déteste je te déteste
je te déteste je te déteste je te déteste je te déteste je te déteste
je te déteste je te déteste je te déteste je te déteste je te déteste
je te déteste je te déteste je te déteste je te déteste je te déteste
je te déteste je te déteste je te déteste je te déteste je te déteste
je te déteste je te déteste je te déteste je te déteste je te déteste
je te déteste je te déteste je te déteste je te déteste je te déteste
je te déteste je te déteste je te déteste je te déteste je te déteste
je te déteste je te déteste je te déteste je te déteste je te déteste
je te déteste je te déteste je te déteste je te déteste je te déteste
je te déteste je te déteste je te déteste je te déteste je te déteste

je te déteste je te déteste je te déteste je te déteste je te déteste
je te déteste je te déteste je te déteste je te déteste je te déteste
je te déteste je te déteste je te déteste je te déteste je te déteste
je te déteste je te déteste je te déteste je te déteste je te déteste
je te déteste je te déteste je te déteste je te déteste je te déteste
je te déteste je te déteste je te déteste je te déteste je te déteste
je te déteste je te déteste je te déteste je te déteste je te déteste
je te déteste je te déteste je te déteste je te déteste je te déteste
je te déteste je te déteste je te déteste je te déteste je te déteste
je te déteste je te déteste je te déteste je te déteste je te déteste
je te déteste je te déteste je te déteste je te déteste je te déteste
je te déteste je te déteste je te déteste je te déteste je te déteste
je te déteste je te déteste je te déteste je te déteste je te déteste
je te déteste je te déteste je te déteste je te déteste je te déteste
je te déteste je te déteste je te déteste je te déteste je te déteste
je te déteste je te déteste je te déteste je te déteste je te déteste
je te déteste je te déteste je te déteste je te déteste je te déteste
je te déteste je te déteste je te déteste je te déteste je te déteste
je te déteste je te déteste je te déteste je te déteste je te déteste
je te déteste je te déteste je te déteste je te déteste je te déteste
je te déteste je te déteste je te déteste je te déteste je te déteste
je te déteste je te déteste je te déteste je te déteste je te déteste
je te déteste je te déteste je te déteste je te déteste je te déteste
je te déteste je te déteste je te déteste je te déteste je te déteste
je te déteste je te déteste je te déteste je te déteste je te déteste
je te déteste je te déteste je te déteste je te déteste je te déteste
je te déteste je te déteste je te déteste je te déteste je te déteste
je te déteste je te déteste je te déteste je te déteste je te déteste
je te déteste je te déteste je te déteste je te déteste je te déteste
je te déteste je te déteste je te déteste je te déteste je te déteste
je te déteste je te déteste je te déteste je te déteste je te déteste
je te déteste je te déteste je te déteste je te déteste je te déteste
je te déteste je te déteste je te déteste je te déteste je te déteste
je te déteste je te déteste je te déteste je te déteste je te déteste
je te déteste je te déteste je te déteste je te déteste je te déteste
je te déteste je te déteste je te déteste je te déteste je te déteste
je te déteste je te déteste je te déteste je te déteste je te déteste
je te déteste je te déteste je te déteste je te déteste je te déteste
je te déteste je te déteste je te déteste je te déteste je te déteste
je te déteste je te déteste je te déteste je te déteste je te déteste

je te déteste je te déteste je te déteste je te déteste je te déteste
je te déteste je te déteste je te déteste je te déteste je te déteste
je te déteste je te déteste je te déteste je te déteste je te déteste
je te déteste je te déteste je te déteste je te déteste je te déteste
je te déteste je te déteste je te déteste je te déteste je te déteste
je te déteste je te déteste je te déteste je te déteste je te déteste
je te déteste je te déteste je te déteste je te déteste je te déteste
je te déteste je te déteste je te déteste je te déteste je te déteste
je te déteste je te déteste je te déteste je te déteste je te déteste
je te déteste je te déteste je te déteste je te déteste je te déteste
je te déteste je te déteste je te déteste je te déteste je te déteste
je te déteste je te déteste je te déteste je te déteste je te déteste
je te déteste je te déteste je te déteste je te déteste je te déteste
je te déteste je te déteste je te déteste je te déteste je te déteste
je te déteste je te déteste je te déteste je te déteste je te déteste
je te déteste je te déteste je te déteste je te déteste je te déteste
je te déteste je te déteste je te déteste je te déteste je te déteste
je te déteste je te déteste je te déteste je te déteste je te déteste
je te déteste je te déteste je te déteste je te déteste je te déteste
je te déteste je te déteste je te déteste je te déteste je te déteste
je te déteste je te déteste je te déteste je te déteste je te déteste
je te déteste je te déteste je te déteste je te déteste je te déteste
je te déteste je te déteste je te déteste je te déteste je te déteste
je te déteste je te déteste je te déteste je te déteste je te déteste
je te déteste je te déteste je te déteste je te déteste je te déteste
je te déteste je te déteste je te déteste je te déteste je te déteste
je te déteste je te déteste je te déteste je te déteste je te déteste
je te déteste je te déteste je te déteste je te déteste je te déteste
je te déteste je te déteste je te déteste je te déteste je te déteste
je te déteste je te déteste je te déteste je te déteste je te déteste
je te déteste je te déteste je te déteste je te déteste je te déteste
je te déteste je te détcste je te déteste je te déteste je te déteste
je te déteste je te déteste je te déteste je te déteste je te déteste
je te déteste je te déteste je te déteste je te déteste je te déteste
je te déteste je te déteste je te déteste je te déteste je te déteste
je te déteste je te déteste je te déteste je te déteste je te déteste
je te déteste je te déteste je te déteste je te déteste je te déteste
je te déteste je te déteste je te déteste je te déteste je te déteste
je te déteste je te déteste je te déteste je te déteste je te déteste !!

Je t'en veux. Je t'en veux encore.

Je t'en veux d'être parti*e* sans n'avoir jamais évoqué un seul de nos problèmes.

Je t'en veux encore de m'avoir abandonné*e* aussi subitement, alors que tu savais que c'était ma plus grande peur.

Je t'en veux d'être parti*e* avec quelques mots et des bouts de mon cœur pour seuls bagages.

Je t'en veux encore d'avoir quitté ma vie, de m'avoir abandonné*e* avec nos souvenirs.

Je t'en veux pour tous les jours angoissants qui ont précédé ton départ et pour les années insupportables que j'affronte désormais.

Je t'en veux encore pour les promesses brisées et pour tous les rêves que tu m'as volés.

Je t'en veux pour tous les souvenirs qui me hantent, pour ton visage qui traverse toujours mon esprit.

Je t'en veux encore de ne jamais être revenu*e*, de m'avoir imposé ta décision.

Je t'en veux de n'avoir accepté de me voir qu'une dernière fois, et d'avoir disparu à tout jamais par la suite, m'imposant ton silence et ton absence.

Je t'en veux encore, pour tous les cauchemars et les fantômes que tu m'as laissés.

Je t'en veux d'avoir préféré fuir plutôt que de te battre pour nous, pour ce qu'on était et ce qu'on aurait pu devenir.

Je t'en veux encore pour tout, si tu savais. Pour tous les sentiments qui me bouleversent et tout ce qui n'a pas survécu après toi.

est-ce qu'on cesse d'en vouloir à ceux qui sont partis,
est-ce qu'on arrête d'aimer ceux qui nous ont abandonnés ?

Les années passent, et l'amour aussi.

Je ne sais plus si je t'aime ou si je te déteste, peut-être un mélange des deux. J'ai passé tellement de temps à t'offrir des sentiments que j'ai fini par me perdre. Un jour j'étais au bord de la déprime, le lendemain je sombrais dans la neurasthénie, avant d'être sauvée par la colère. *Un trop plein de toi s'est glissé en moi et je mourais de l'intérieur.*

Tu sais, pendant longtemps je pensais que respirer sans toi deviendrait trop compliqué, trop douloureux, et que je cesserai de le faire. Je pensais que je n'étais pas assez forte pour vaincre ton départ. Pour affronter la peur et l'absence, pour surmonter le surplus d'émotions et la vie, maintenant que tu n'existais plus dans la mienne.

Puis, les jours sans toi sont devenus des années, et j'ai appris à vivre sans attendre ton retour. J'ai appris à ne plus patienter près de la fenêtre, en espérant te voir débarquer, un beau matin. J'ai cessé de t'envoyer des mots, de t'appeler. J'ai arrêté de t'aimer, aussi.

Je ne pensais pas pouvoir affronter le monde sans ta présence, sans ta main dans la mienne, sans nous. Je ne pensais pas pouvoir avancer dans une vie dans laquelle tu ne fais plus partie. Je ne pensais pas réussir à espérer que tu ailles bien, quelque part, même si ce n'était plus près de moi.

J'ai mis du temps à accepter la tristesse, la douleur, les cicatrices et les cauchemars que tu m'avais laissés. J'ai mis encore plus de temps à recueillir la colère, la rancœur, la nostalgie, mais j'ai appris à les aimer. Une par une. Parce qu'elles me donnaient l'impression de vivre, quand toi tu m'en avais coupé toute envie.

l'amour finit aussi par s'en aller.

Tout est parti, mais les souvenirs restent.

Ton odeur est partie, mais les souvenirs restent.

Ta voix est partie, mais les souvenirs restent.

Ta présence est partie, mais les souvenirs restent.

Ton corps est parti, mais les souvenirs restent.

Ton âme est partie, et la mienne aussi.

tu es partie, et moi je reste.

Et puis un jour, tu n'as plus été ma première pensée.

Un jour, je me suis lev*e* et la douleur n'était plus aussi vive qu'avant. Elle piquait un peu, mais je ne souffrais plus vraiment. Peut-être que la blessure cicatrisait enfin, ou peut-être que je m'étais habitu*e* à sa présence.

Un jour, je suis sorti*e* et j'ai remarqué que je ne cherchais plus ton regard parmi la foule et que je ne voulais pas non plus croiser ton chemin. Peut-être que j'ai compris que te voir à travers des inconnus ne rimait à rien, puisque tu ne serais jamais eux, jamais là.

Un jour, j'ai rangé notre maison pour mon déménagement et je n'ai pas versé une seule larme. Pour une fois, l'idée de quitter cet endroit ne m'a pas paru insurmontable, ni douloureuse. Je n'étais plus triste, j'étais seulement nostalgique de tout ce que j'avais vécu ici, avec toi. *Et de tout ce qui était mort avec nous.*

Un jour, j'ai accepté de voir le temps fuir, le temps passer, et de le laisser emporter de belles personnes avec lui, même si ça m'a perforé le cœur des millions de fois. Peut-être que si j'avais autant souffert, c'est parce que je restais fig*e* sur ton départ, et jamais sur ton entrée dans ma vie.

Un jour, j'ai remarqué que ce n'était plus toi, que j'aimais, mais tout ce qu'on avait vécu et partagé l'un avec l'autre. Les rêves, les espoirs, les souvenirs. Je restais attach*e* à tout ce que j'avais de toi, mais plus à ton amour, ni tes yeux.

Tu sais, un jour j'ai compris que tomber, avoir mal et prendre son temps pour se relever était parfaitement normal. Que les sentiments sont douloureux mais qu'ils sont nécessaires pour supporter un deuil. Que j'ai mis plusieurs années, mais que j'ai fini par guérir de *nous*.

je ne t'aimais plus toi,
mais tous les souvenirs que tu m'avais laissés.

merci pour tout, merci pour nous

Je te pardonne.

Je te pardonne d'être partie et de ne jamais être revenue, et je m'excuse de t'en avoir voulu trop longtemps. Tu n'allais pas te forcer à rester, tout aurait été cent fois plus douloureux, je l'ai compris bien après.

Je te pardonne pour le bordel que tu as laissé dans la maison. Pour les pièces qui portaient encore ton odeur et pour celles qui t'appartenaient, dont je devais m'occuper sans toi.

Je te pardonne pour les sentiments terribles et insupportables que tu m'as laissés, pour toutes les pensées invasives et nocives, celles trop sombres et celles cruelles. Tu n'étais pas coupable de leur présence, c'était mon cœur, qui souffrait.

Je te pardonne pour nos rêves avortés et pour l'amour qui s'est perdu dans le temps. On ne choisit pas ses sentiments, j'aurais aimé le savoir et l'accepter avant d'en souffrir de trop, et de te détester pour ça.

Je te pardonne pour le brouillard dans lequel j'ai vécu, pour les émotions et les bouts de mon âme que j'ai perdus après nous. Je sais, j'espère que des cœurs, *autres que le tien*, me permettront d'avancer et de récupérer, recoller les morceaux manquants. Et toi, est-ce qu'on t'en a offerts ?

Je te pardonne pour les mots difficiles et le silence assourdissant qui me hantaient aux côtés de ton fantôme, Dieu sait que je les ai mal traités, pour ne jamais me laisser tranquille, pour ne plus être en paix.

Je te pardonne pour tout. Pour ton absence, pour les miettes de toi que j'ai encore en moi. Parce que tout me faisait du mal et que je te prenais pour seule responsable. Et je ne te déteste plus pour ça, et je te pardonne.

je te pardonne d'avoir cessé de m'aimer.

Je m'excuse. Je m'excuse pour tout.

Je suis désolée d'avoir pensé être la seule personne à souffrir alors qu'une relation et une rupture se vivent à deux. Toi aussi, tu souffrais, j'ai seulement été aveugle ou égoïste, et je préférais ne regarder que ma propre douleur en ignorant celle des autres.

Je m'excuse d'avoir posé mon malheur sur ton prénom et de t'accuser de tous les maux qui ont vécu avec moi ces dernières années. J'ai accepté de les accueillir et je ne leur ai jamais demandé de partir, c'était de ma faute. Seulement de la mienne.

Je suis désolée de ne pas avoir trouvé le courage de me relever et de ressasser en boucle notre histoire, pour chercher ce qui avait causé notre perte, sans accepter que tu ne puisses plus m'aimer. J'aurais dû mieux te regarder et t'écouter, je suis certaine que tu me le disais, mais que je préférais me mentir à moi-même.

Je m'excuse pour tous les souvenirs sur lesquels j'ai craché, pleuré, ceux que j'ai déchirés et abandonnés lâchement. J'aurais dû les serrer dans mes bras et les remercier d'avoir existé, parce qu'ils m'ont permis de vivre avec toi quelque temps.

Je suis désolée pour tout ce que j'ai fait, dit, les erreurs et les pages brouillons. On méritait une plus jolie fin, et j'espère que tu sauras me pardonner d'avoir mis des années à me rendre compte de tout ça.

Je m'excuse d'avoir maudit ton départ pendant longtemps et d'avoir préféré te détester, plutôt que de continuer à t'aimer. C'était plus facile, je crois. Et ça m'a aidé à ne plus souffrir, à avancer.

Je suis désolée de partir à mon tour, de dire au revoir à notre histoire, de dire adieu à notre amour. Aujourd'hui, je suis désolée de ne plus t'aimer.

tu es partie parce que tu ne m'aimais plus,
et je n'avais pas à te détester pour ça.

Tu es partie, je crois que je n'en souffre plus.

Le temps est passé, la douleur aussi, et les sentiments ont fini par s'effacer, un à un.

Chacun son rythme de chagrin, disait Roland Barthes. J'accepte à présent d'avoir souffert longtemps pour guérir de nous, de la blessure que notre histoire avait laissée. Et si j'ai mis des années à me remettre de toi, j'accepte aujourd'hui que tu ne fasses plus partie de ma vie.

J'accepte que tu aies disparu du jour au lendemain. J'accepte que ton amour pour moi s'en est allé, lui aussi, sans prévenir. On ne choisit pas d'aimer ou de désaimer, j'aurais dû le comprendre bien plus tôt pour ne pas t'accabler de mes tourments.

J'accepte les erreurs et le chagrin, les rêves oubliés et les promesses abandonnées, j'accepte de te laisser partir, entièrement cette fois-ci. J'accepte d'avancer sans toi, sans nous. Parce que je n'ai plus la force de tourner en rond et de penser à ce qu'on était.

J'accepte de voir le monde continuer de tourner même si tu n'es plus à mes côtés pour le regarder faire. Parce qu'il est beau, l'univers même quand tu ne fais plus partie du mien.

Je crois que j'accepte notre histoire, ton départ, et je suis prête à tourner cette dernière page, qui porte désormais le nom de souvenir. On était beaux, on était heureux, et je préfère garder ça au fond de mon cœur.

J'accepte ton bonheur, qui se trouve ailleurs et loin de moi désormais. J'accepte aussi d'aller mieux sans toi. *Qui l'aurait cru ?* Je pensais ne jamais m'en sortir.

J'accepte mes projets, mon avenir, tout ce dont tu ne fais plus partie aujourd'hui. *J'accepte.*

tu es partie il y a quelques années,
et aujourd'hui mon coeur ne te pleure plus.

Jamais je n'ai autant été sous l'emprise de mes émotions que depuis ton départ. Tu m'as fait vivre tant de choses, autant que le temps où nous étions encore amants de nos âmes. Nous avons partagé tant de choses, tant de rires, de sourires, de soupirs et bien plus encore, *nous avons partagé un bout de notre cœur, une partie de notre vie.*

Tu m'as fait découvrir l'arc-en-ciel des émotions, tu m'as charmée, j'ai découvert le plaisir du corps, puis j'ai découvert l'amour, celui d'un cœur, d'un sourire, d'un corps, d'un rire, de larmes, d'une âme. J'ai vécu à dix mille à l'heure, et tu me faisais vivre tous mes rêves comme si tu avais trouvé la lettre que j'avais écrite enfant de mes plus grands souhaits. Tu as forgé la personne que je suis aujourd'hui. Tu m'as fait découvrir un univers dont je ne soupçonnais pas l'existence, tu m'as fait me découvrir moi, qui j'étais, ce que je pouvais être, et ce que je veux être.

Désormais, je veux aimer l'amour, comme je t'ai aimé. Et plus encore, si cela se révèle être possible. Je veux connaître un amour pur, qui donne le sourire d'un simple regard, qui réchauffe les cœurs lorsqu'il fait froid. Je veux rencontrer un amour qui allume de nouveau les étoiles et qui colorie l'âme, un amour fort, qui transforme les cauchemars en rêves.

Tu as été toutes mes premières fois, et je ne souffre plus de savoir que tu ne seras pas chaque dernière fois. Tu as été le premier amour, celui qui nous marque le cœur et à vie, mais j'aimerais encore après toi. J'aimerais différemment, avec des morceaux de moi en moins, des morceaux brisés et manquants, mais j'aimerais.

Tu m'as fait découvrir la vie, l'amour, et je ne sais comment te remercier pour ça.

merci de m'avoir aim*e*.

Je te remercie.

Je te remercie pour tout, le bon, le mauvais, ce qu'on a vécu et ce qui n'a jamais eu le temps de voir le jour.

Je te remercie pour la joie, pour les cris, pour les larmes. Pour tout ce que tu m'as laissé.

De toi, je garde des sourires, des moments de bonheur, des instants hors du monde. Je garde des parcelles de notre amour, qui faisait trembler l'univers. Je garde quelques photos, des bouts de papier déchirés, des bribes de conversations, qui se sont échouées dans le temps. Je garde ces murmures au coin du feu, ces chansons hurlées dans le vide, ces rires qui n'ont jamais cessé de résonner dans la nuit. Je garde cette sensation d'être grand*e*, fort*e*, cette impression que rien ni personne ne pourrait nous barrer la route ou nous séparer. Je garde ces désillusions, les espoirs de te retrouver, l'envie de croiser ta route une nouvelle fois.

De toi, je n'oublierai pas la blessure que porte ton prénom, les innombrables insomnies et la peur, qui me torturait. Je n'oublierai pas les jours où tu m'aimais, et ceux où tu as cessé de le faire. Je n'oublierai pas les nuits durant lesquelles tu me manquais, et les journées qui ne rimaient à rien sans toi. Je n'oublierai pas la beauté du soleil à tes côtés et mon nouvel amour pour la pluie, quand mon cœur pleurait lui aussi. Je n'oublierai pas l'absence, le silence, tout ce que tu me laissais quand tu n'étais plus là

Je te remercie d'avoir traversé ma vie, d'avoir pris le temps de me découvrir, de m'aimer. Je te remercie d'être rest*é*e près de moi quelques années, d'avoir partagé le monde à mes côtés.

Je ne sais quoi te dire de plus à part : merci pour toi, merci pour nous.

de nous, je garde le bonheur de t'avoir rencontré*e,*
et même le malheur de t'avoir perdu*e.*

L'espoir reviendra et s'il ne revient pas, j'irais le chercher. Je parcourrais les chemins inconnus, ceux déjà empruntés, ceux que j'ai aimés et ceux qui m'ont vu me relever. Je marcherais au bord de l'océan, tout près des vagues, et je les entendrais murmurer que le bonheur est ici-bas. J'irais trouver de l'espoir dans les yeux des enfants, dans leurs rires, dans leur joie puis je les écouterais me dire que la vie est un château de sable et qu'on le décore à notre façon. J'irais trouver de l'espoir en regardant dans le ciel, près du soleil, sous la pluie ou dans les nuages, j'accueillerais la nuit et lune avec un sourire et je danserais avec les étoiles sans m'arrêter. J'irais trouver de l'espoir près des fleurs et je me servirais de leur couleur pour en redonner à mon âme quand il lui en manquera. J'irais trouver de l'espoir dans la rue, là où fourmillent les gens, l'amour, la vie. J'irais trouver de l'espoir autour de moi, parce que le monde n'en manque pas l'espoir se trouve partout, *il suffit de savoir regarder ou d'ouvrir les yeux.*

l'espoir se trouve de partout,
il suffit d'ouvrir les yeux.

moi aussi, je suis capable de m'aimer

pour guérir,
j'ai choisi d'accepter
de pardonner
de laisser la rancœur dans une boîte, de ne plus y toucher

pour guérir,
j'ai choisi de vivre
de souffler un peu plus fort
de respirer un peu mieux

pour guérir,
j'ai choisi de déchirer les pages
de les jeter
et de brûler le livre

pour guérir,
j'ai choisi de pleurer un bon coup
de laisser tout sortir
la tristesse, la colère, la peur

pour guérir,
j'ai choisi de laisser le passé derrière
de regarder droit devant moi
d'avancer

pour réussir à guérir,
j'ai choisi de m'aimer

*Aujourd'hui mon cœur ne souffre plus du passé,
ni de toi.*

J'ai fait mon deuil de tout ce qu'on a vécu, de tout ce qui n'a pas pu exister. J'ai accepté les erreurs, les rayures, et tout ce qui n'allait pas. J'ai pardonné à l'ancien toi de m'avoir fait tant de mal. J'ai pardonné à l'ancien moi de t'en avoir voulu durant les années qui viennent de s'écouler. J'ai pardonné les mots qui n'ont cessé de me faire souffrir, les mots qui me lacéraient le cœur à chaque fois qu'ils résonnaient. J'ai pardonné les mots silencieux, les nuits blanches, la panique et tout ce qui m'a fait du mal.

J'ai accepté que tout ne peut pas être rose, que tout n'est pas joli, et que si la pluie inonde une relation, c'est sûrement qu'il faut partir. J'ai accepté que le soleil pouvait arrêter de briller, *et qu'il le ferait sûrement ailleurs.* J'ai accepté qu'il existe certains cœurs qui ne m'aimeraient pas autant que moi je les aime, et que n'était pas injuste. *Et que d'autres m'aimeraient encore plus que toi.* J'ai accepté qu'on ne choisissait pas nos sentiments, que si on les perdait, ce n'était pas grave. J'ai accepté que l'amour n'est pas éternel et qu'on ne choisit pas la personne qui nous fera du mal.

Aujourd'hui, je sais que mon cœur ne t'en veut plus, et je sais qu'il guérit sans toi.

Je suis en paix avec tout ça, avec ce qu'il reste après nous. J'ai aimé chaque morceau que tu as jeté : les brisés, les défectueux, *ceux qui n'aimeront plus jamais.* J'ai recollé les petites fêlures, mais j'ai appris à laisser passer de l'espoir entre les grandes fissures. J'ai rempli le vide que tu as laissé de tout ce que tu ne m'offrais plus : la tendresse, les rêves, la joie. J'ai appris à me suffire, à ne pas dépendre de l'amour d'autrui pour être aimée. Parce que mon propre amour me suffit.

Je me suffis.

Et un jour, tu étais là, devant moi. On s'est échangés un sourire, quelques mots, puis chacun est reparti. Et quand nos dos se sont tournés, j'ai réalisé que pour la première fois depuis si longtemps, je n'ai pas eu mal de te voir, plus eu ce pincement au cœur quand tes yeux croisaient les miens.

Alors j'ai souri, souri d'avoir réussi, à terminer ce long chemin de croix, tortueux. Je suis tombée à maintes reprises, j'ai pleuré, hurlé et plus encore, j'ai tant pensé à abandonner. Mais une journée après l'autre, une heure après l'autre, un souvenir après l'autre, j'apaisais mon cœur, mon âme, mes pensées, mes souvenirs, mon image de toi.

Je suis contente qu'un jour nos chemins aient pu se croiser et s'entremêler pendant un certain temps. J'ai eu du mal à accepter qu'ils devaient se séparer mais, c'est là la beauté de la vie, des gens viennent, d'autres partent, mais, les souvenirs eux, sont les gardiens de toutes ces routes qui ont interféré avec la mienne, et aujourd'hui, tu es dans une boîte spéciale, celle des plus beaux souvenirs de ma vie.

Alors, à titre posthume, pour enterrer tout ce que l'on a été, et sceller notre histoire à tout jamais, une dernière fois, je t'aime, adieu.

au revoir,
mon amour.

on m'a poussée
je suis tombée
j'ai eu le cœur brisé

j'ai souffert pendant des années
j'ai essayé de me relever
je me suis fait mal
je suis retombée
encore et encore, sans arrêt

j'ai beaucoup pleuré
j'ai passé des mois à ne faire que ça

j'ai crié
j'ai hurlé à en perdre la voix

j'ai voulu mourir
je pensais que c'était plus simple
moins douloureux

je me suis allongée
je suis restée là sans rien faire
et j'ai sombré dans la peine

un jour j'étais muette
le lendemain je parlais pour rien

j'étais perdue sans toi

j'ai rencontré la tristesse
j'ai accueilli la colère
j'ai rencontré l'amertume
je l'ai maudite
je nous ai détestées

puis j'ai relevé la tête
j'ai planté de nouvelles fleurs
j'ai encore pleuré quand elles fanaient

j'ai continué de t'aimer

j'ai souri devant les nuages
j'ai regardé le mauvais temps s'en aller
je me suis effondrée sous l'averse
le déluge était dehors et en moi

                    j'ai fait les cartons de nous
                        et j'ai encore pleuré

j'ai trouvé de l'espoir
j'ai réussi à me remettre sur pied
j'ai tenté de marcher un peu
puis je suis retombée au sol
des dizaines de fois

              mais c'est ça la vie, apprendre à marcher

alors j'ai cherché du courage
j'ai mis du temps à le trouver
et jour j'ai avancé
loin de tout ça
loin des blessures
loin du passé
loin de nous

                            j'ai eu mal
                              très mal

j'ai déménagé
j'ai choisi de vivre ailleurs
j'ai dit au revoir aux émotions
j'ai dit adieu à notre amour

                        puis j'ai grandi
                          j'ai appris
            j'ai reconstruit pièce par pièce mon cœur
                j'ai découpé de nouveaux bouts
                j'ai colorié les morceaux sombres
                    j'ai soigné les fissures
                    j'ai accepté les fêlures

puis un jour je me suis trouvé*e*
et je me suis aimé*e*
en gardant quelques bouts de toi
en aimant les bouts de moi
qu'ils soient intacts ou brisés

Autres œuvres :

<u>Léa Jeunesse :</u>
Les mots m'ont sauvée.
1,2,3… soleil ! Mais je préfère la pluie.
Tu as oublié mon cœur en partant.

<u>LC LYRA :</u>
Nos lettres d'amour.
Asterya, lorsque la magie s'en mêle.
Asterya, un océan de souvenirs.
L'amour au soleil.
L'amour te sauvera.

<u>Léa Jeunesse et Araël Spes :</u>
Et nos souvenirs, qu'est-ce que j'en fais ?

Nous joindre :

unevasion@gmail.com
araelspes@gmail.com

Manufactured by Amazon.ca
Acheson, AB